Erzähl mir...
von
Gott

Herausgegeben von Ulrike Fey-Dorn

Gütersloher Verlagshaus

Bibliografische Information Der Deutschen Bibliothek
Die Deutsche Bibliothek verzeichnet diese Publikation in der Deutschen
Nationalbibliografie; detaillierte bibliografische Daten sind im Internet
über http://dnb.ddb.de abrufbar.

ISBN 3-579-02391-8
© Gütersloher Verlagshaus GmbH, Gütersloh 2003

Umschlaggestaltung: Init GmbH, Bielefeld, unter Verwendung
einer Zeichnung von Glummie Riday, Leipzig
Satz: Katja Rediske, Landesbergen
Druck und Bindung: GGP Media, Pößneck

Printed in Germany

www.gtvh.de

Inhalt

Vorwort   7

Gott ist....   *Johanna Kiesel*   9

Wie entdecke ich Gott ?

Das geschenkte Wunder   *Doris Engels*   12

Gott spüren   *Ulrike Fey-Dorn*   19

Paul unterhält sich mit Gott   *Maleen Hartung*   22

Die Baustelle   *Eckhard Langner*   27

Mühlentag   *Eckhard Langner*   30

Lukas – das schwarze Scharf   *Maleen Hartung*   33

Hab Mut, Arne   *Ilse Jüntschke*   39

Dann war es eben Gott   *Maleen Hartung*   44

Wo wohnt Gott?

Der Garten von Herrn Marvin   *Holger Schnoor*   52

Tante Tines Geschichten   *Holger Schnoor*   55

Großvater   *Annegret Pietron-Menges* 58

»Gott ist überall ...«   *Christel Müllenbach*   62

Wer sitzt auf dem Blinzelstern?   *Peter Morgenroth*   66

Was macht Gott den ganzen Tag?

Geht Gott auch einkaufen?   *Maleen Hartung*   70

Herzlichen Glückwunsch   *Klaudia Busch-Wermeyer*   75

Der kleine Otter   *Klaudia Busch-Wermeyer*   78

Gott liebt Kinder   *Ilse Jüntschke*   81

Leb wohl, kleiner Freund   *Ilse Jüntschke*   86

Elsas Eiersammelmaschine   *Peter Morgenroth*   90

Eine überraschende Begegnung   *Eckhard Langner*   93

Wie sieht Gott aus?

Gottes Bild hat viele Farben   *Hermann-Josef Frisch*   98

1.000 Euro für den lieben Gott   *Regine Schindler*   104

Das Versprechen des
Herrn Davideit   *Annegret Pietron-Menges*   110

Gott kommt   *Erich Jooß*   115

Ameise Berta findet Gott   *Angelika Lange-Kaluza*   119

Mit Kindern über Gott sprechen   *Marion Römer*   122

Die Herausgeberin, die Autorinnen und Autoren   127

Vorwort

Wie geht es Ihnen dabei, wenn Kinder fragen: *Sag mal, wie sieht Gott eigentlich aus, wo wohnt Gott und was macht er so den ganzen Tag?* Wir Erwachsenen haben doch häufig nicht immer gleich eine passende, altersgerechte Auskunft parat. Auch werden die Kinder durch mögliche Antworten wie: *Gott ist überall, Gott liebt uns, Gott lebt in jedem Menschen, oder Gott kommt in der Gestalt Jesu zu uns!* nicht wirklich altersgerecht zufrieden gestellt. Im Gegenteil, oft entstehen neue Fragen, wie z.B.: *Wenn Gott uns liebt, warum lässt er dann Krankheiten, Kriege und Streit zu?* Einerseits gibt die Bibel mit den Erzählungen von Gott und seinem Verhältnis zu den Menschen uns viele Hinweise auf das Wirken Gottes. Der Ihnen hier vorliegende Band bietet andere Geschichten von Gott, Geschichten, wie Kinder und Erwachsene in ihrem alltäglichen Leben Gott spüren und erfahren. Entstanden sind wunderschöne, sensible, meditative wie auch informative *neue* Geschichten, die Ihnen Anregung und Hilfe sind, auf die Fragen Ihrer Kinder einzugehen. Gleichzeitig soll das Buch Anstoß sein, Gott den Kindern und auch ihnen als Erziehende, Eltern und Großeltern auf vielfältige Art näher zu bringen.

Die Geschichten dieses Buches bieten unterschiedliche Antwortmöglichkeiten, über die Sie gemeinsam mit den Kindern nachdenken, über die Sie sprechen oder die Sie kreativ darstellen können, um so noch ganzheitlicher Gott zu erfahren: *Gott begleitet uns ständig, Gott ist wie ein Hirte, der uns in allen Lebenssituationen beschützt und Gott ist wie das Wasser, das wir täglich brauchen, um zu leben, Gott ist wie Wärme, wie Licht und wie der Wind ...*

Am Schluss dieses Buches finden Sie einen kleinen theoretischen Anhang der Theologin Marion Römer, der Ihnen persönlich eine vertiefende Auseinandersetzung mit den kindlichen Fragen ermöglicht. Ich empfehle Ihnen, diesen Teil des Buches zuerst zu lesen.

Einige Hinweise für Sie als Vorleserin und Vorleser:
Geschichten von Gott sind keine einfachen Vorlesegeschichten, sondern sie brauchen einen Rahmen, ein »Vorher« und ein »Nachher«. Das heißt auch, dass sie in einer Atmosphäre vorgelesen werden, die Fragen während und nach der Geschichte zulässt. Eine gestaltete Mitte ist ein visueller Blickpunkt für die Kinder, sie gibt Anstöße zum Nachdenken, kann aber auch Ruhepool sein, wenn das Kind noch nicht ganz konzentriert ist. Musik vor dem Vorlesen und danach bietet ebenfalls eine Zeit des Ankommens und des Abschlusses. Bitte beachten sie, dass die Geschichten »nachwirken« können, das heißt, noch Tage danach können Fragen zu den Geschichten gestellt werden. Vielleicht kann man das Thema auch bei einem Spaziergang in der Natur oder während der Besichtigung einer Kirche vertiefen. Auch ein Gang durch die Stadt, in der man viele Menschen beobachtet, deren Gesichter Fröhlichkeit, aber durchaus auch Hektik und Sorgen ausdrücken, kann eine »Gott-Geschichte« noch einmal aufgreifen. Ebenfalls ein gemeinsam zubereitetes Essen und das Essen selbst kann die Kinder zum Thema Gott zurückführen. In jedem Fall muss Zeit und Raum für eine Vertiefung geschaffen werden.

Allen Autorinnen und Autoren danke ich an dieser Stelle für ihre fantasievollen und fachlich kompetenten Einfälle zum Thema. Ich wünsche Ihnen, dass die Kinder und auch Sie selbst ein wenig von der Liebe Gottes in sich aufnehmen, die in den Geschichten in all ihrer Vielfalt beschrieben ist, und wünsche Ihnen viel Spaß beim Lesen und Spüren.

Hannover, im Sommer 2003   *Ulrike Fey-Dorn*

Gott ist...

Wie Wärme, die du mit Behagen
genießt an schönen Sommertagen.
Oder im Winter: Dicht am Feuer
wirds warm im kältesten Gemäuer.
Auf Mamas oder Papas Arm –
auch davon wird dir kusch'lig warm.
Egal, woher die Wärme kroch,
du siehst sie nicht und spürst sie doch.

Selbst nicht zu sehn und doch zu spürn,
wird Gott dich durch dein Leben führn.

Oder auch wie des Wassers Kraft,
die es ganz ohne Mühe schafft
durch Berge sich den Weg zu graben,
ja selbst ein Schiff samt Last zu tragen.
Willst du es mit den Händen fassen,
gelingts nicht und du stehst im Nassen.
Doch gehst du schwimmen, trägts auch dich,
du fühlst den Halt, du siehst ihn nicht.

Selbst nicht zu sehn und doch zu spürn,
wird Gott dich durch dein Leben führn.

Wie Wind, der sanft das Wasser kräuselt,
durch Äste rauscht, mit Blättern säuselt.
Wenn Felder sich in Wellen wiegen,
lässt er die größten Drachen fliegen.
Er bringt zum Atmen frische Luft
und auch so manchen süßen Duft.
Mal streicht, mal wirbelt er dein Haar.
Du siehst ihn nicht, doch er ist da.

Selbst nicht zu sehn und doch zu spürn,
wird Gott dich durch dein Leben führn.

Johanna Kiesel

Wie entdecke ich Gott?

Das geschenkte Wunder

Kurze Inhaltsangabe:
Sophie freut sich: Endlich ist der Frühling da, auf den sie schon so lange gewartet hat. Aber wo kommt der eigentlich so plötzlich her? Hat er sich den ganzen Winter irgendwo versteckt? Selbst Sophies Mutter kann die vielen Blumen und zwitschernden Vögel nur als »Wunder« bezeichnen. Aber was ist eigentlich ein Wunder Gottes? Auch im Kindergottesdienst hört Sophie davon und würde zu gerne selber mal eines erleben. Ihr Wunsch wird schneller erfüllt, als sie geglaubt hätte: Oder wie ist es sonst zu erklären, dass anstelle der gelben Blüten plötzlich kleine zarte Federchen auf dem Löwenzahn sitzen, die beim kleinsten Windstoß davonfliegen?

Auch diese Themen sind enthalten:
Natur – Wunder – Freundschaft – Frühling – Gottesdienst, ...

Endlich war er da, der Frühlingsmorgen, auf den Sophie schon so lange gewartet hatte. Nun konnte sie zum ersten Mal hinausgehen, ohne die dicke Jacke anziehen und die warme Mütze auf den Kopf stülpen zu müssen. Die Sonne lachte vom Himmel herab. Die kleinen Meisen, die Sophie den ganzen Winter eifrig gefüttert hatte, saßen im Fliederbusch und sangen. Sophie freute sich und hatte den Eindruck, als würden sich ihre kleinen gefiederten Freunde bei ihr für die gute Versorgung bedanken. Ein kleines »Dankeschön-Lied« für Sophie. Schnell lief Sophie hinaus und konnte spüren, wie der Wind ihr das Haar verwuschelte, als sie durch die Gartenpforte in den kleinen Garten hinter dem Haus schlüpfte.

Die Gänseblümchen erwachten langsam unter den dicken Tautropfen. Im Spinnennetz neben dem Fliederbusch schimmerten tausende von kleinen Wassertropfen, als hätte jemand in der Nacht ganz fleißig kleine Perlen aufgefädelt. Sophie liebte diesen kleinen Garten am Morgen und freute sich mit den zwitschernden Meisen im Fliederbusch auf einen wunderschönen Tag. Doch da, was »blitzte« dort hinten in der Ecke am Komposthaufen? Sophie lief hin und sah einen großen Busch Löwenzahn in leuchtendem Gelb. Sah das schön aus! Sophie machte vor Freude einen kleinen Luftsprung.

»Sophie, komm bitte frühstücken!«, rief die Mutter aus der Küche und Sophie lief fröhlich durch die Terrassentür in die Küche und stürzte sich auf ihren Stuhl am Frühstückstisch.
»Mama, ich glaube, jetzt ist er endlich da!«
Sophies Mutter hantierte am Herd.
»Mama, hörst du nicht, ich glaube, er ist endlich, endlich da!«
»Wer ist da?«, fragte Sophies Mutter, denn sie konnte sich nicht an einen bevorstehenden Besuch oder eine Einladung erinnern.
»Na, der Frühling!«, strahlte Sophie die Mutter an.
Etwas verwirrt und erstaunt überlegte Sophies Mutter, bis sie die Freude und die Aufregung ihrer Tochter so richtig verstand.
»Ja, du hast Recht, ich glaube, nun sind die kalten, langen Wintertage vorbei und der Frühling ist da«.
Gemeinsam aßen sie ihr Frühstück und die helle Morgensonne strahlte mit Sophies guter Laune um die Wette.
»Mama, wo war der Frühling eigentlich die ganze Zeit?«, wollte Sophie von ihrer Mutter wissen.
Überrascht von dieser Frage antwortete die Mutter etwas hilflos: »Das weiß ich auch nicht Sophie, ich weiß nur, dass es

immer wieder ein Wunder ist, wenn die Natur neu erwacht!«
»Ein Wunder?«, murmelte Sophie, irgendwann hatte sie
schon einmal das Wort »Wunder« gehört.

Darüber musste sie unbedingt länger nachdenken, entschied
sich jetzt aber erst mal für ein leckeres Frühstück.

»Ist heute Kindergarten?«, fragte Sophie zwischen zwei
Löffeln Müsli.

»Na klar, und heute ist doch auch ein ganz besonderer Tag,
hast du das vergessen?«

Ein besonderer Tag? Sophie grübelte und dachte angestrengt
nach. Ihre Stirn legte sich dabei in winzige, kleine Fältchen
und manchmal zuckten sie auch ein wenig. Das sah immer
sehr lustig aus.

»Sophie, fällt es dir denn gar nicht ein, was ihr heute vor-
habt? Ich gebe dir einen kleinen Tipp! Es hat etwas mit einem
großen Haus zu tun.«

Ja richtig, heute war Kindergartengottesdienst und alle Kinder trafen sich in der Kirche. Frau Maiwald, die neue Pastorin
und die Erzieherinnen aus Sophies Kindergarten hatten sie
eingeladen. Sophie ging nun schon zum zweiten Mal mit in
den Gottesdienst und war ganz gespannt, was da heute so
passieren würde.

Nach dem Frühstück packte Mama für Sophie noch einen Apfel
in die Brottasche. Sophie zog ihre »Lieblingsfrühlingsjacke«
an und so gingen sie zusammen zum Kindergarten.

Viele Kinder waren schon da und Sophie fand gleich ihre
Freundin Annika. Sie zogen los in die Kuschelecke.

»Annika, stell dir vor, was ich in unserem Garten alles gesehen
habe. Gänseblümchen, kleine Meisen und einen riesigen Busch
Löwenzahn«, berichtete Sophie von ihrem Frühlingsmorgen.

»Sophie, ich kann ja heute zum Spielen kommen, dann

können wir uns alles zusammen angucken, ja?«, fragte Annika. Sophie freute sich über die Begeisterung ihrer Freundin. »Weißt du was, Annika, wir machen Picknick mit unseren Puppen und meine Mama gibt uns bestimmt etwas Leckeres mit.«

So schmiedeten Sophie und Annika Pläne für den Nachmittag, spielten in der Kuschelecke und aßen gemeinsam Sophies Apfel, da Annika ihre Tasche mit dem Frühstück zu Hause vergessen hatte.

Die Zeit verging so schnell, dass sie den Apfel gar nicht aufessen konnten. Die Glocken der Kirche läuteten schon. Alle Kinder machten sich auf den Weg zum Gottesdienst.

Die Kirche war heute besonders schön geschmückt. Ein riesiger Tisch stand in der Kirche. Er war gedeckt mit bunten Bechern und Tellern. Saftkrüge und kleine Blumensträuße, Kerzen und Servietten standen in der Mitte des Tisches und für jedes Kind gab es einen Platz am Tisch.

Als alle Kinder saßen, spielte die Orgel das erste Lied. Sophie erkannte sofort die Melodie und sang mit. Es war das Gottesdienstbegrüßungslied, was sie im Morgenkreis auch immer gern sangen. Als sie gemeinsam das erste Gebet gesprochen hatten, spielten die Erwachsenen den Kindern eine Geschichte vor. Es war eine Geschichte, in der Wasser in Wein verwandelt wurde, eine Hochzeitsgeschichte aus der Bibel, und Sophie und alle anderen Kinder spielten mit. Sie »feierten« das Wunder und die Freude der Verwandlung. Alle Kinder bekamen zu Essen und zu Trinken, fast wie bei einer richtigen Hochzeit.

Und nun fiel es Sophie auch wieder ein, wo sie das Wort »Wunder« schon einmal gehört hatte. Ganz in Gedanken und

15

träumerisch versunken saß Sophie auf ihrem Stuhl und dachte über das eben Gehörte und Gesehene nach.

Gern hätte sie so ein Wunder Gottes auch mal »in echt« erlebt und nicht nur in einer Geschichte gehört.

Durch fröhliche Gitarrenklänge wurde sie wieder in das Geschehen gelockt. Alle Kinder standen auf und tanzten fröhlich durch den Kirchenraum.

Mit dem gemeinsam gesprochenen Segensspruch endete der Gottesdienst und alle liefen zurück in den Kindergarten.

Es war schon bald Abholzeit und Sophie und Annika verabschiedeten sich bis zum Nachmittag.

Sophie ging an der Hand ihrer Mutter nach Hause und war von den Eindrücken des Vormittags noch ein wenig nachdenklich.

Am Mittagstisch erzählte sie dann von dem schönen Gottesdienst und dass Annika und sie heute im Garten ein Picknick machen wollen. Sophies Mutter war einverstanden und versprach, auch noch frisch gebackene Waffeln zu spendieren.

Begeistert und aufgeregt lief Sophie zum Telefon und rief Annika an. Auch Annika hatte die Erlaubnis ihrer Eltern, Sophie zu besuchen.

Sophie konnte es kaum erwarten, Annika den »Frühlingsgarten« zu zeigen und mit ihr die ersten warmen Sonnenstrahlen zu genießen. Sie bereitete den Picknickplatz vor und half ihrer Mutter beim Waffelnbacken. Pünktlich stand Annika am Nachmittag mit ihrer Puppe und einer Tüte Gummibärchen vor der Tür.

Es wurde ein toller Nachmittag mit Annika. Sophie zeigte ihr all die kleinen Blumen und den prächtigen Busch Löwenzahn. Ein paar Blüten pflückten sie ab und flochten Kränze für ihre Puppen daraus.

Plötzlich fiel Sophie die Geschichte vom Vormittag wieder ein und sie fragte Annika, ob auch sie sich so ein »Wunder« vorstellen könne. Eine Verwandlung, ja fast ein Zauber, der so geheimnisvoll auf Sophie wirkte.

Annika konnte nicht gleich antworten, da sie den Mund voller Gummibärchen hatte. So richtig verstand sie Sophie auch gar nicht, denn sie hatte im Gottesdienst immer wieder mit ihrem Freund Thomas »wichtigere« Sachen zu besprechen gehabt.

Sophie fragte auch nicht weiter und schlug Annika vor noch ein wenig mit dem Ball zu spielen. Annika war einverstanden und so tobten sie bis zum frühen Abend im Garten herum und hatten viel Spaß.

Als Annika abgeholt wurde, freuten sich beide auf den nächsten Tag im Kindergarten.

So verging etwa eine Woche und Sophie spielte mit Annika, besuchte die Großeltern am Sonntag, ging mit ihrem Vater ins Schwimmbad. Hin und wieder dachte sie an die »Wundergeschichte« und wünschte sich im Stillen, dass vielleicht auch in ihrem Leben so ein Wunder geschehen könnte.

Eines, was sie »begreifen« konnte, anfassen, schmecken oder fühlen. Sie wollte Gott und alles, was mit ihm zu tun hatte, verstehen.

In der darauf folgenden Woche begannen Sophies Eltern mit den Frühjahrsarbeiten im Garten und Sophie durfte dabei helfen. Wie immer, wenn solche gemeinsamen Aktionen geplant waren, konnte Sophie die Zeit kaum abwarten.

Schon früh am Nachmittag ging sie ins Gartenhäuschen und trug Harke, Spaten und Eimer hinaus.

Doch plötzlich blieb sie wie erstarrt stehen, als sie zum Komposthaufen guckte. Der Löwenzahn sah vollkommen verändert aus. Die gelben Blüten waren verschwunden und lauter kleine weiße, zarte Federchen waren auf den Stängeln zu sehen.

Sophie wunderte sich und konnte diese Veränderung erst gar nicht verstehen. Doch dann fiel ihr der Wunsch ein, den sie so viele Tage mit sich herumgetragen hatte. Sollte dies das Geschenk sein, das Gott ihr machte? Das Wundergeschenk, das sie begreifen, sehen und fühlen konnte?

Sophie brach einen Stängel des Löwenzahns ab und schon lösten sich die kleinen Federchen, die wie kleine Fallschirme in der Luft umherschwebten. Hübsch sah das aus und Sophie pustete die restlichen Fallschirmchen in den blauen Frühlingshimmel.

Als sie so davonflogen, dachte Sophie still bei sich: » Ich glaube, Gott und seine Wunder sind wie eine Pusteblume! «

Doris Engels

Gott spüren

Kurze Inhaltsangabe:
Klassenarbeiten sind Franziska ein Gräuel. Obwohl sie mit ihrer Mutter gelernt hat, bekommt sie Bauchschmerzen, sobald sie an das Diktat denkt. Franziskas Mutter kann ihre Angst verstehen, aber sie lässt Franziska spüren, dass Gott die Menschen mit all ihren Stärken und Schwächen liebt. In der Deutscharbeit erinnert sich Franziska an die Worte und Gesten ihrer Mutter und plötzlich ist alle Aufregung verschwunden, denn sie weiß, dass Gott bei ihr ist.

Auch diese Themen sind enthalten:
Versagensängste – Selbstbewusstsein – Gottvertrauen – Familienrückhalt, …

Ich gehe auf dem Schulhof auf und ab. Immer wieder passiert es mir, dass ich vor einer Arbeit nicht sitzen kann, andauernd auf die Toilette muss und richtig Bauchweh habe.
Dabei weiß ich, was im Diktat drankommt. Die Lernwörter habe ich alle geübt und auch Groß- und Kleinschreibung. Gestern noch, als ich mit Mama gelernt habe, waren meine Übungsaufgaben schnell fertig, dass Mama recht erstaunt war.
»Großartig, Franziska, das kannst du!«, meinte sie.
Na ja, wenn sie wüsste, wie es mir jetzt geht.
Gestern habe ich ihr gehörig die Meinung gesagt: »Ja, du denkst immer gleich, wenn ich mal was kann, kann ich es auch in der Arbeit. Aber so leicht ist das nicht, wenn man dann dasitzt, eventuell nicht alles weiß, vielleicht eine Fünf schreibt.«

19

Fast musste ich heulen, als das alles aus mir raussprudelte.
Was denken die Lehrer von mir? Dass ich nicht gelernt habe?
Und was denken meine Freundinnen von mir?

Und da sagt doch meine Mutter: »Komm mal her, setz dich
mal auf meinen Schoß, ich will dich ein bisschen kraulen.«
Und während ich da so saß und Mama mir den Rücken kraulte
und die Arminnenseite, das mag ich am liebsten, da ging so
ein Kribbeln durch meinen Bauch und Kopf. Und genau in
dem Moment sagte sie : »Weißt du, gerade so, wie du bist, mit
all deinen Fähigkeiten und kleinen Schwächen, bist du von
Gott geliebt und angenommen, jetzt, morgen, bei der Arbeit
und immer.«

»Auch, wenn ich tot bin?«, sprudelte es aus mir heraus.

»Auch dann«, sagte sie nickend und kraulte ganz lieb weiter.

Ja, das hat Mama gesagt und dabei   geguckt, als hätte sie
es schon selbst öfters gespürt.

Und trotzdem stehe ich hier auf   dem Schulhof, laufe
immer schneller auf und ab, die   Hände schwitzen,
und ich muss schon wieder auf die   Toilette. Es klingelt
und ich muss in die Klasse. Ganz   langsam gehe ich auf
meinen Platz, so, als hätte ich eine schwere Last zu tragen.
Dann geht es sofort los.

»Der Regenbogen«, so heißt die Überschrift und schon fängt
es an. Wie schreibe ich Regenbogen, klein oder groß? Was
habe ich gestern geübt? Wenn >der<, >die< oder >das<
kommt, ja, danach wird großgeschrieben. Huch, die erste
Hürde ist geschafft. Ich komme mit, ich merke langsam
wieder das Kribbeln im Bauch und im Kopf, wie bei Mama auf
dem Schoß.

Du kannst es, du bist so, wie du bist, für immer geliebt und
angenommen. Das Kribbeln wird stärker und bleibt und ich

schreibe und schreibe und werde fertig, wie alle anderen. Während ich noch einmal den Text lese, habe ich ein gutes Gefühl. Vielleicht ist ja was dran.

Gott sieht man nicht, Gott spürt man, sogar in einer Deutscharbeit.

Ulrike Fey-Dorn

Paul unterhält sich mit Gott

Kurze Inhaltsangabe:

Eigentlich ist Paul mit seinem Leben rundherum zufrieden, aber er hat ein paar Fragen, die ihm niemand beantworten will. Als eines Tages sein kleiner Hund überfahren wird, ist er sogar böse auf Gott, weil er das zugelassen hat. In einem Traum begegnet er Gott und fragt ihn, warum sein kleiner Puck sterben musste. Gott erklärt ihm, dass er nicht allmächtig ist. Er hat den Menschen so viele Fähigkeiten geschenkt, aber trotzdem machen sie sehr viel falsch. Die Menschen sind frei in ihrem Willen und deshalb müssen sie alleine für das geradestehen, was sie tun. Aber auch dann verlässt Gott sie nie.

Auch diese Themen sind enthalten:

Trauer – Freiheit – Verantwortung für das eigene Handeln – Verlust, ...

Paul war ein aufgeweckter Junge. Seine Eltern hatten meistens Freude an ihm. Seine kleine Schwester Lena auch, denn er war ein guter Beschützer. Paul liebte seine Familie und natürlich seinen kleinen Hund, den er Puck nannte, der aber sehr unfolgsam war und oft wegrannte. Dann liebte Paul noch sein Fahrrad mit den 12 Gängen und die Fußballmannschaft, in der er Torwart war. Ohne angeben zu wollen, hielt er sich für einen guten Torwart und alle, bis auf Kurt, fanden das auch. Kurt wollte selbst gerne Torwart sein, aber der Trainer ließ ihn noch ein bisschen warten.

Das Leben war meistens ganz schön, fand Paul, aber einige Punkte gab es, an denen er sich die Zähne ausbiss wie an einer harten Nuss. Niemand konnte ihm zum Beispiel beantworten,

wo das Weltall aufhörte. Warum gab es Verbrecher? Warum
war das Baby der Nachbarn gestorben und sie sahen jetzt nur
noch traurig aus?

Paul war, wie gesagt, begeisterter Fußballspieler und er
verbrachte auch viel Zeit vor dem Computer. Außerdem war er
oft mit Puck und dem Fahrrad unterwegs oder traf sich mit
seinem guten Freund Nick. Er interessierte sich auch für
vieles, was in der Welt geschah, und machte sich darüber
Gedanken. Wenn er zum Beispiel Gott wäre, würde er ganz
bestimmt dafür sorgen, dass kein Kind mehr sterben oder
hungern müsste.

Der schrecklichste Tag in seinem Leben war, als Puck überfahren wurde und auf der Stelle tot war. Noch nie hatte Paul so
geweint und in seinem tiefsten Herzen war er böse auf Gott,
weil er so etwas passieren ließ. Gemeinsam mit seinen Eltern
begrub er den kleinen Hund im Garten und legte ein paar
schöne Steine auf das Grab. Am Abend wollte er nichts essen.
Seine Eltern versuchten ihn zu trösten, er aber ging ins Bett
und fühlte sich sehr elend.

In dieser Nacht hatte Paul einen ganz ungewöhnlichen Traum.
Er ging allein in einem Wald spazieren, durch den die Sonne
so schön leuchtete, dass Paul stehen blieb. Die Strahlen
zwischen den Stämmen konnte er anfassen, aber er spürte
nichts. Der Farn und die Buchenblätter leuchteten in einem
wunderbaren Grün. Es war so still, dass Paul ganz leise auftrat,
um den Wald nicht zu stören.

Er kam zu einer kleinen Lichtung und sah mit leisem Schreck
einen Mann auf einem Baumstumpf sitzen. Der Mann aß
einen Apfel und winkte den Jungen zu sich.

»Guten Tag«, sagte Paul, »wer bist du?«

»Ich bin Gott«, sagte der Mann und holte aus seiner Manteltasche einen zweiten Apfel, den er Paul anbot. Paul fand es prima, endlich einmal Gott zu treffen, streckte ihm die Hand hin, sagte: » Grüß Gott, ich bin Paul«, und setzte sich neben ihn ins Gras.

Der Apfel schmeckte wunderbar und als Paul sah, dass Gott auch das Kerngehäuse aufaß, tat er es ebenso.

» Ich dachte, du bist im Himmel«, meinte Paul.

» Bin ich doch und du auch«, sagte Gott, » denn der Himmel fängt genau über der Erde an.«

» Stimmt«, sagte Paul, » also bist du gar nicht da oben über den Wolken?«

» Nein, da wäre es ganz schön kalt und einsam«, sagte Gott.

» Außerdem hätte ich dich dort nicht kennen gelernt.«

Es entstand eine längere Pause.

Dann sagte Paul leise, mehr zu sich selbst: » Ich hatte einen kleinen Hund, der wurde überfahren.«

Gott sagte nichts und Paul redete weiter: » Er hieß Puck und er freute sich so, wenn ich von der Schule heimkam, dass er wie eine schwarze Kugel über den Boden rollte und sprang.«

Gott sagte immer noch nichts, aber Paul fand, dass er traurig aussah. Konnte es sein, dass sogar eine Träne in Gottes Augen zu sehen war? Paul fragte: » Konntest du nicht verhindern, dass mein Hund überfahren wurde?« Gott atmete tief ein und wieder aus. Es klang wie ein Seufzer.

» Weißt du, Paul, ich bin nicht so, wie ihr denkt. Ich bin kein Aufpasser wie vielleicht ein Verkehrspolizist, der alles regelt, damit kein Unfall passiert.«

» Aber ich dachte, du bist allmächtig«, sagte Paul enttäuscht.

» Nein«, sagte Gott, » manchmal fühle ich mich richtig ohnmächtig. Ich habe den Menschen so viel Stärke und Macht und Wissen und Verstand und Liebe gegeben und trotzdem machen sie so vieles falsch, darüber bin ich ganz ratlos.«

»Ja, das verstehe ich«, sagte Paul. »Aber konntest du nicht wenigstens das Baby meiner Nachbarn retten? Weißt du eigentlich, wie traurig sie jetzt sind?«

»Ja, ich weiß es. Ich war auch schon oft bei ihnen, aber ich glaube, sie haben mich nicht bemerkt. Ich konnte das Baby nicht retten. Der Tod gehört zum Leben. Aber alle Menschen und auch die Tiere bleiben trotzdem eingeschlossen in meiner Liebe.«

Paul musste lange nachdenken und Gott ließ ihm Zeit dazu. Die Sonne schien so warm und hell, Paul hätte ewig hier sitzen können. »Darf ich dich noch etwas fragen? Warum werden Kinder entführt?«

Nach einer Weile sagte Gott : »Die Menschen sind frei, Paul, ganz frei. Sie können lieben und hassen, töten oder retten, böse sein oder gut. Sie können mir vertrauen oder mich vergessen. Diese Freiheit habe ich ihnen gegeben und das habe ich mir sehr gut überlegt, denn wer gezwungen wird, hat keine Wahl, und er wird den hassen, der ihn zwingt.«

»Aber das ist ein Risiko. Das kann schief gehen, wenn jeder macht, was er will«, meinte Paul.

»Ja, ich habe alles riskiert«, sagte Gott, »und ich kann alles verlieren.«

Paul spürte, wie ernst das war. Er nahm Gottes Hand in seine Hände und drückte sie ganz fest. »Du schaffst es, du darfst nicht aufgeben«, sagte er voller Überzeugung. Da lächelte Gott Paul an und in diesem Augenblick wachte der Junge auf. Der Wecker hatte geklingelt. Ein neuer Schultag begann. Paul sprang aus dem Bett, machte sich fertig und ging hinunter zum Frühstück.

Seine Mutter staunte, weil er so fit war, und fragte: »Geht es dir heute besser?«

»Es geht mir gut«, sagte Paul. »Ich habe mich mit Gott unterhalten und wir haben zusammen Äpfel gegessen.« Glücklicherweise fragte die Mutter nicht weiter, denn er wollte dieses Geheimnis für sich behalten.

Auf dem Schulweg wurde ihm erst so richtig klar, was er in dieser Nacht gelernt hatte, und er sagte zu sich selbst: »Ich bin frei. Alle Menschen sind frei. Gott ist nicht schuld, wenn wir etwas falsch machen. Wir selbst müssen gradestehen für das, was wir tun. Er hat uns Verstand und Liebe gegeben. Ich will versuchen, ihm zu helfen, damit es nicht umsonst war.«

Maleen Hartung

Die Baustelle

Kurze Inhaltsangabe:
Eins steht für Jan fest, als er die Baustelle neben seiner Schule bewundert:
Er will später auch einmal Häuser bauen. Der Zimmermann Martin erklärt
ihm alles ganz genau und gibt Jan Baumaterial, mit dem er ein kleines Haus
aus Holz baut. Am nächsten Tag muss er zu seiner großen Enttäuschung
feststellen, dass sein Haus vom Sturm zerstört wurde. Doch Jan versteht,
dass jedes Haus, wie auch der Glaube an Gott, ein festes Fundament
braucht, damit die Menschen auch in schweren Tagen daran festhalten
können.

Auch diese Themen sind enthalten:
Vertrauen – Enttäuschung – Stolz auf sich sein – Freude – Freundschaft

Die große Baustelle neben der Schule zog Jan magnetisch an.
Was es da alles zu sehen und zu entdecken gab! Immer höher
wuchsen die Häuser. Der große, alles überragende Kran beweg-
te schwere Lasten über das ganze Gelände. Eisen, jede Menge
Holz und Stahl, unzählige Steine, Zement und Farbe wurden
fachmännisch verarbeitet. Jan staunte jedes Mal neu.
Eines Tages sprach ihn einer der Bauarbeiter plötzlich an. Es
klang ein bisschen laut, und freundlich hörte sich die Stimme
auch nicht an. Jan erschrak. »Was machst du hier? Auf der
Baustelle haben Kinder nichts zu suchen!«
»Ich … ich wollte doch nur zusehen«, stotterte Jan verlegen.
Der Mann, der einen gelben Schutzhelm auf dem Kopf trug,
musterte Jan. »Na, was interessiert dich denn so an unserer

Arbeit?« Das klang schon viel freundlicher. »Wie so ein Haus gebaut wird und was alles dazu gehört«, antwortete Jan.

»Ja, das ist eine spannende Sache!«, nickte der Mann. »Ich heiße übrigens Martin und bin Zimmermann. Ich bin für den Dachstuhl verantwortlich.«

Martin beantwortete Jan noch viele Fragen: Wie viele Steine gebraucht wurden, welche Lasten der mächtige Kran heben konnte und wie tief die Bagger mit ihren Schaufeln graben mussten. Jan war beeindruckt. »So ein Haus will ich auch bauen!«, stand für ihn fest.

»Du kannst ja schon mal üben«, meinte Martin schmunzelnd. »Hier ist ein bisschen Holz übrig, Nägel und Werkzeug sind auch da und ein bisschen Farbe.«

Das ließ sich Jan nicht zweimal sagen. Mit großem Eifer legte er los. Er stellte sich sehr geschickt an und schon bald war ein kleines Haus zu erkennen, eher eine kleine Hundehütte und ein bisschen schief. Trotzdem, Jan war stolz auf sich. Der Nachmittag war wie im Flug vergangen und es war höchste Zeit, nach Hause zu gehen. Morgen wollte er gleich nach dem Mittagessen weiterarbeiten. Dann musste sein kleines Haus noch einen Anstrich bekommen. Am nächsten Tag erlebte Jan eine böse Überraschung. Sein Bauwerk war zusammengebrochen. Fassungslos stand er vor den Trümmern. Jan kämpfte mit den Tränen.

»Wer war das? Wer konnte so gemein sein?«, schluchzte er.

Martin hatte ihn bemerkt und war langsam näher gekommen.

»Das waren der Regen und der Sturm heute Nacht«, sagte er leise.

»Aber ich hab das Holz doch mit den Nägeln festgeklopft!«, erwiderte Jan traurig.

»Das hat nicht gereicht. Regen und Wind waren stärker. Das tut mir Leid für dich«, meinte Martin.

»Und warum steht euer Haus noch?«, wollte Jan wissen.
Martin holte eine große Rolle aus dem Bauwagen. »Diese
Zeichnung ist unser Plan für den Hausbau«, erklärte er. »Am
Anfang steht immer das Überlegen, Rechnen und Messen. Und
wenn es ans Bauen geht, brauchen wir zuerst einen festen Bo-
den, ein Fundament. Dazu heben die Baggerführer ein großes
Loch aus und die Bauarbeiter verarbeiten viel Beton, damit das
Haus einen festen Stand hat. Dann kann der Regen nichts
wegspülen und der Wind nichts umwerfen.«
»Dann muss ich wohl noch einmal von vorne anfangen«,
meinte Jan nachdenklich.
Als Jan seine Geschichte beim Abendbrot erzählte, hörte seine
Oma besonders aufmerksam zu.
»Da hast du etwas erlebt, was schon in der Bibel steht!«, sagte
sie erstaunt. »Mein Taufspruch heißt so: ›Wer an Gott glaubt,
der gleicht einem Menschen, der überlegt und sein Haus auf
festem Grund baut. Wenn dann ein Wolkenbruch niedergeht
und der Sturm tobt, stürzt es nicht ein‹.«
»Das mit dem festen Boden wussten also schon die Menschen
in der Bibel!«, staunte Jan.
»Und sie wussten: Was für den Hausbau gilt, gilt auch für unser
Leben, mit seinen guten und schweren Tagen. Wir Menschen
brauchen einen festen Halt, so wie den Glauben an Gott«, fügte
Oma hinzu.
Jan war fest entschlossen: Morgen würde er mit seinem Hausbau von vorne beginnen. Oder besser: von unten, mit dem
festen Untergrund. Und er war sicher: Martin würde ihm
bestimmt helfen!

Eckhard Langner

Mühlentag

Kurze Inhaltsangabe:
Es ist Tag der offenen Tür in der Windmühle. Christian ist sehr neugierig und lässt sich vom Müller Jos alles ganz genau erklären: Früher war die Windmühle ein Symbol für Gott und den Glauben. So, wie eine Mühle nicht ohne Wind funktionieren kann, geht im Leben nichts ohne die Kraft und Stärke Gottes.

Auch diese Themen sind enthalten:
Gottes Kraft und Stärke – Technik – Naturverbundenheit, …

War das aufregend! Die kleine Eingangstür der großen Windmühle, die in der Mitte des kleinen Dorfes stand, war geöffnet. Es war Mühlentag, Tag der offenen Tür, und die vielen Windmühlen auf der Halbinsel luden die Urlaubsgäste zur Besichtigung ein. Das wollte sich Christian nicht entgehen lassen! Mächtig und gewaltig stand die Mühle vor ihm. Vier riesige, mit Segeltuch bespannte Flügel waren mit schweren Seilen festgezurrt und bewegten sich nicht. Wie winzig er dagegen war! »Erdholländer – 1793« war über der Eingangstür zu lesen. Neugierig trat er näher und zwängte sich durch die kleine Tür in das Innere der Mühle. Ein älterer Mann begrüßte ihn freundlich. In seiner blauen Tracht und seinen gelben Holzschuhen sah er ziemlich lustig aus, dachte Christian bei sich. »Sieh dich ruhig um. Hier darf man auch alles anfassen. Und wenn du eine Frage hast, ich beantworte sie dir gerne. Ich bin Jos, der Müller hier im Dorf.«

Mitten drin entdeckte Christian ein großes Räderwerk. Kleine und große Zahnräder aus Holz und Eisen griffen ineinander. Da wird sicher das Korn zu Mehl gemahlen, vermutete er. Und richtig: Da standen ja auch die schweren Säcke, die mit Getreide gefüllt waren.

»Die müssen alle hier oben in den breiten Trichter entleert werden«, erklärte Jos. »Und wenn die Körner dann durch das große Mahlwerk gelaufen sind, dann kommt ganz unten das Mehl heraus. Ohne Mehl kein Brot!«

Das wusste Christian. »Und natürlich auch kein Kuchen«, murmelte er vor sich hin und dachte dabei an Omas Backkünste. Jetzt erst bemerkte er die große eiserne Stange, die senkrecht nach oben führte, und im Dunkel der Dachkuppel zu verschwinden schien. Jos bemerkte Christians fragenden Blick.

»Die Stange treibt das Mahlwerk an. Mit Hilfe einiger Zahnräder schafft sie es, die Drehungen der Windflügel dafür zu nutzen.«

Christian war mächtig beeindruckt. »Was machst du, wenn kein Wind da ist?«, wollte er weiter wissen.

Jos lächelte. »Na, da geht nichts. Aber zum Glück sind wir hier an der Küste und irgendeine Brise weht eigentlich immer.«

Ganz zufrieden war Christian mit der Antwort nicht. »Und wenn der Wind aus einer ganz anderen Richtung kommt und ihn die großen Flügel nicht einfangen können?«

Jos nahm seine Mütze ab und kratzte sich am Hinterkopf. »Du willst aber alles ganz genau wissen!«, nickte er anerkennend. »Dafür haben wir die langen Seile an der Seite. Damit kann man den Kopf der Mühle drehen und ihn ganz genau nach dem Wind ausrichten.«

Christian war begeistert. »Die Leute vor 200 Jahren haben ja
an alles gedacht!«

»Ja«, stimmte Jos zu. »Und sie haben noch manches mehr
gewusst als wir heute«, fügte er geheimnisvoll hinzu. Er
stopfte seine Pfeife und blickte Christian an, dem sein Er-
staunen im Gesicht abzulesen war. »Die Windmühle war für
die Menschen damals auch ein Bild für Gott und den Glauben
an ihn. Ohne Wind, ohne Gottes Geist und Kraft, geht nichts
im Leben. Und manchmal muss man sich ganz schön drehen,
um Gott zu spüren. So wie der Mühlenkopf geduldig nach dem
Wind ausgerichtet wird.« Auf dem Heimweg dachte Christian
noch lange über die Worte des alten Jos nach. Und vielleicht,
überlegte er, sind die Flügel wie unsere Hände, die sich zum
Himmel strecken, um zu beten und zu danken!

Eckhard Langner

Lukas – das schwarze Schaf

Kurze Inhaltsangabe:

Lukas will einfach nichts gelingen: Egal, was er anpackt, alles geht schief!
Inzwischen fühlt er sich schon wie das schwarze Schaf der Familie, wenn
seine Mutter mit ihm schimpft und sein großer Bruder ihn auslacht. Als er
eines Tages den kleinen Hund einer älteren Frau aus einem Fluss rettet,
kann er unter Beweis stellen, was er richtig gut kann: Schwimmen. Die
Hundebesitzerin ist ihm sehr dankbar und erzählt, dass Lukas »der Leuchtende« bedeutet. Endlich weiß Lukas, dass er doch zu etwas nütze ist und
Gott ihn so mag, wie er ist.

Auch diese Themen sind enthalten:

Selbstbewusstsein – Stärken und Schwächen – Gottes Liebe – Anerkennung

Wieder einmal hatte sich Lukas in sein Zimmer zurückgezo-
gen und unter die Bettdecke verkrochen. Wieder einmal hatte
sich bewiesen, dass es durch ihn nichts als Ärger gab.
Er sollte die Geschirrspülmaschine ausräumen und – klirr –
war ihm das Glas aus der Hand gefallen. Hilflos stand er vor
den Scherben und Splittern. Seine Mutter guckte ihn bedau-
ernd an und sagte: »Schon wieder!«
Zu allem Unglück erschien noch sein großer Bruder und
zitierte seinen Lieblingsspruch für solche Fälle:
»Na, wieder mal das schwarze Schaf der Familie? Irgendwie
ist dem lieben Gott bei deiner Herstellung ein Fehler passiert.«
Nun lag Lukas unter seiner Bettdecke. Es war dunkel und

warm und er wünschte sich sehr, es würde für immer so
bleiben, er müsste nie mehr hinaus in die feindliche Welt.
Als er so über sich nachdachte, kam er zu dem Ergebnis, dass
er wirklich zu nichts zu gebrauchen war. Er konnte den
Geschirrspüler nicht ohne Unfall ausräumen, er konnte in
Mathe nichts Besseres als eine Fünf schreiben. Er konnte
nicht zeichnen, denn sein Hase in Erinnerung an Albrecht
Dürer hatte ausgesehen wie ein Schwein mit Eselsohren und
wurde nicht ausgestellt. Einmal wollte er seinem Vater eine
Freude machen und das Auto mit dem Gartenschlauch
abspritzen, aber er hat dabei leider ein Seitenfenster halb
offen gelassen. Papa hatte getobt und Lukas war auch damals
unter seine Bettdecke gekrochen.
Nein, er spürte es ganz deutlich, er war wirklich zu nichts zu
gebrauchen. Er war das schwarze Schaf in der Familie.
Da fiel ihm ein, dass es doch eine Sache in seinem Leben gab,
die er gut konnte: Schwimmen. Schwimmen und Tauchen und
dabei ganz lange die Luft anhalten.
Aber enttäuscht stellte er fest, dass ihm das gar nichts nützte.
Es half ihm nicht beim Geschirrausräumen, nicht bei dem
Mathetest oder beim Autowaschen und nicht beim Zeichnen.
Es nützte ihm auch nichts, wenn er wieder mal seinen Schlüs-
sel verloren hatte oder seine Brille tagelang nicht finden
konnte. Was war nur mit ihm los? Was sollte er nur tun? Er
wusste keine Antwort und darüber schlief er wie so oft ein.
Irgendwann kam sein Bruder ins Zimmer und riss ihm die
Bettdecke weg.
»Essen gibts, du Schläfer.«
Es gab Nudelsalat und zum Nachtisch Pudding.
»Junge, nicht zu viel von allem«, mahnte seine Mutter.
Dabei war Essen so schön. Essen, Schwimmen und Schla-

fen, drei Sachen, bei denen Lukas für kurze Zeit glücklich war.

An einem schönen Sommerferientag hatte er sich mit
seinem Freund Max im Schwimmbad verabredet. Aber war
Max wirklich ein Freund? Neulich hatte er ganz unfreund-
schaftlich zu ihm gesagt: »Du Flasche, wieso kannst du nicht
Fußball spielen?« Plötzlich hatte Lukas keine Lust zum
Schwimmbad zu gehen. Er bog ab in die Kastanienallee und
lief durch den Park in Richtung Fluss. Dort wollte er schwimmen, tauchen, gegen die Strömung ankämpfen, im Gras
liegen und die Eidechsen beobachten. Natürlich wusste er,
dass seine Mutter das streng verboten hatte: »Bitte schwimm
nicht im Fluss. Es ist zu gefährlich!«

Er hatte Ja gesagt, aber jetzt war ihm das plötzlich egal. Er lief
den Wiesenweg entlang und sah nicht weit entfernt den Fluss
silbern glitzern.

Doch was war das? Lukas blieb stehen, denn er hatte einen
Schrei gehört, ein Jammern, das immer ängstlicher wurde. Es
kam vom Fluss. Lukas rannte los. Er erreichte das Ufer und
sah mit einem Blick, was passiert war. Eine alte Frau mit
schneeweißem Haar lief aufgeregt am Ufer entlang und rief
immer wieder verzweifelt: »Wastl! Wastl!«

Lukas folgte ihren Augen und entdeckte im Wasser ein kleines
dunkles Etwas, das vergeblich das Ufer zu erreichen suchte.
»Mein Wastl, mein Wastl!«, jammerte die Frau und Lukas
merkte, dass sie weinte. Blitzschnell warf er seinen Rucksack
ins Gras, riss sich Schuhe, Hemd und Hose herunter und
sprang kopfüber in den Fluss.

Er tauchte auf und sah den kleinen Hund, der winselnd seine
Nase über Wasser hielt, aber von der Strömung unbarmherzig
in die Mitte des Flusses gezogen wurde.

Lukas kraulte aus Leibeskräften und merkte erleichtert, dass
der Abstand zu dem Hund kleiner wurde. Noch ein paar Me-
ter, da – er hatte ihn und packte ihn am Fell. Der Hund jaulte
und Lukas keuchte: »Braver Hund.« Zum Glück konnte er ihn
am Halsband festhalten und jetzt musste er noch einmal seine
ganze Kraft aufwenden, um ans Ufer zu gelangen.
»Junge! Junge!«, rief die Frau, »Wastl! Wastl!«
Sie lief auf ihren dünnen Beinen bis zu der Stelle, wo Lukas
mit dem Hund das Ufer erreicht hatte, denn sie waren ein
ganzes Stück abgetrieben worden.
Zitternd kroch das kleine Tier zu seinem Frauchen und trotz
seiner Erschöpfung konnte es noch ein wenig mit dem
Schwanz wedeln. Auch Lukas lag platt im Gras. Sein Herz
hämmerte, aber er konnte sich an keinen Augenblick seines
Lebens erinnern, an dem er so glücklich war wie jetzt.
Die Frau beugte sich zu ihm herunter, streichelte
sein nasses Haar, weinte und lachte gleichzeitig.
»Du hast meinen Wastl gerettet. Was bist du für ein
mutiger Junge! Der liebe Gott soll dich belohnen. Wie
heißt du denn? Wo wohnst du denn?«
»Ich heiße Lukas und wohne in der Waldstraße 10«, ant-
wortete er und atmete wieder ruhiger.
»Lukas! So ein schöner Name! Weißt du denn, was das be-
deutet?«
»Nein, wieso?«, fragte er neugierig.
»Es bedeutet ›der Leuchtende‹«, sagte die Frau.
Der Junge staunte. Damit hatte er nicht gerechnet, dass ihm
heute hier am Fluss eine alte Frau sagen würde, er sei der
Leuchtende. Er, der zu nichts zu gebrauchen war und sich am
liebsten für immer unter seiner dunklen Decke versteckt hätte.
Was hatte die Frau gesagt? Der liebe Gott soll dich belohnen?

Das verstand er überhaupt nicht. Die Frau nahm ihr Hündchen auf den Arm, beide verabschiedeten sich von dem Jungen und im Gehen rief sie noch: »Ich melde mich bei dir!«

Ein Schreck durchfuhr Lukas, denn jetzt würde seine Mutter erfahren, dass er im Fluss geschwommen war.

Zu Hause erzählte er nichts von dem Erlebnis, am nächsten Tag aber kam alles heraus. Nachmittags läutete es an der Haustür. Die Mutter öffnete und vor ihren erstaunten Augen stand eine weißhaarige Frau mit einem Hündchen auf dem Arm und neben ihr eine zweite Frau mit einem großen Fotoapparat.

»Wohnt hier ein Junge namens Lukas?«, fragten die beiden und stellten sich vor.

»Hat mein Sohn etwas angestellt?«, wollte Mutter sofort wissen.

»Nein«, sagte die Frau mit dem Hund, »er ist ein Held.«

»Er kommt in die Zeitung«, ergänzte die Frau von der Presse.

Als Lukas in der Tür erschien, zappelte und winselte das Hündchen vor Freude. Lukas rief seinen Namen und streichelte es und schon war das erste Foto gemacht.

Im Haus erfuhr die Mutter die ganze Geschichte und dem großen Bruder blieb der Mund offen stehen. Zum Abschied überreichte die Frau dem Jungen ein kleines Büchlein.

>Sparbuch< stand darauf. Er wagte nicht hineinzuschauen. Erst später wusste er, dass er der Besitzer von 100 Euro war.

»Sie haben einen sehr mutigen Jungen«, sagte die Frau im Gehen, »ich gratuliere Ihnen.«

Zu seiner Verwunderung machte ihm seine Mutter später keinen Vorwurf, weil er im Fluss geschwommen war.

An diesem Abend wollte Lukas zum ersten Mal in seinem Leben dem lieben Gott ganz persönlich etwas sagen:

»Lieber Gott, du hast keinen Fehler mit mir gemacht, ich weiß es. Und dass ich so glücklich bin, ist das deine Belohnung?«

Nach ein paar Tagen erschien die Geschichte mit einem Bild in der Zeitung. Von da an versteckte sich Lukas immer seltener unter seiner Bettdecke und immer öfter entdeckten die Eltern und der große Bruder ein unbekanntes Leuchten in seinen Augen.

Maleen Hartung

Hab Mut, Arne!

Kurze Inhaltsangabe:

Nicht so zu sein wie die anderen ist gar nicht so einfach. Das muss Arne in der Schule feststellen, wo ihn alle wegen seiner Größe hänseln. Seine Mutter möchte ihn gerne trösten und erzählt Arne die Geschichte von David, der gegen den Riesen Goliath kämpft und gewinnt. Arne erkennt, dass Mut nichts mit körperlicher Größe zu tun hat, solange Gott da ist, um ihm beizustehen. Mit seinem neu gewonnenen Selbstvertrauen gelingt es Arne sogar, anderen zu helfen.

Auch diese Themen sind enthalten:

Angst und Mut – Gottvertrauen – Selbstbewusstsein – Diskriminierung – Intoleranz, ...

»Ha, seht nur, da kommt Krümel!« »Na, du kleiner Wicht!« So und ähnlich hänseln Markus und seine Freunde Arne tagaus, tagein. Arne drückt beide Hände auf die Ohren. Er kann es nicht mehr hören. Dann schreit er: »Hört endlich auf. Warum lasst ihr mich nicht in Ruhe!« Und so schnell, wie er mit seinen kurzen Beinen nur laufen kann, rennt er davon. Hinter ihm her tönt es: »Krümel, ha, ha, ha!« Erst vor der Haustür bleibt er stehen und atmet befreit durch. Dann klingelt er stürmisch, so stürmisch, dass seine Mutter vor Schreck beinahe über den Flurläufer gestolpert wäre. Als sie die Tür öffnet, stürzt Arne heulend auf seine Mutter zu. Auf die bange Frage: »Aber Arne, warum weinst du denn?«, kann er nicht antworten. Zu dick ist der Kloß in seinem Hals. Er drückt seinen Kopf nur noch fester an Mutters Brust und schluchzt. Die Mutter schließt die Tür und geht mit Arne in die Küche. Sie spürt, dass sein Kummer sehr groß ist, und sie ahnt auch, was ihn so tief verletzt hat. Arnes Schluchzen hält noch eine Weile an. Dann seufzt er, wischt sich die Tränen fort und erzählt: » Sie haben mich wieder ausgelacht. Immer und immer wieder. Markus hat gerufen: >He du Krümel, pass auf, dass du nicht ins Mauseloch fällst.< Und dann haben sie ganz laut gelacht. Das war so schrecklich!«

Arnes Mutter hört still zu und ist sehr betroffen. Sie hält ihren Sohn im Arm und denkt: »Wie können Kinder nur so grausam sein?«

»Mama, warum bin ich so klein? Warum wachse ich nicht auch so wie die andern Kinder?«, fragt Arne leise und sieht dabei seine Mutter mit großen traurigen Augen an. Kummervoll denkt Arnes Mutter: »Diese Frage hat Arne mir schon so oft gestellt.« Eigentlich müsste er die Antwort schon selber kennen. Auch ein Arzt hat ihm erklärt, warum er nicht so schnell wächst wie andere Kinder. Und während die Mutter überlegt, welche Worte ihn trösten könnten, ist es ihr, als würden ihr die rechten Worte ins Herz gelegt. Plötzlich weiß sie, wie sie ihrem Sohn antworten wird.

»Arne, ich will dir etwas erzählen. Hör mir zu!«

Und dann begann sie mit leiser Stimme zu erzählen: »Vor vielen, vielen Jahren lebte in einem fernen Land ein Junge. Er hieß David. Schon als Kind hütete er die Schafe seines Vaters. David liebte die Tiere, jedes einzelne. Er beschützte sie gut, und Gott liebte und beschützte David. Das fühlte David. Er dachte: >So, wie ich Tag und Nacht meine Schafe hüte, so behütet mich Gott.< Das machte ihn fröhlich und zufrieden.

Einmal griffen fremde Krieger sein Heimatland an. Die großen Brüder von David und viele seiner Freunde wurden Soldaten. Sie alle verteidigten ihre Heimat. Sie kämpften nicht gerne und viele hatten Angst. Besonders viel Angst hatten sie vor einem riesengroßen Kämpfer, den man Goliat nannte. Er besiegte alle. Die Soldaten zitterten vor ihm. David konnte nicht verstehen, warum Menschen einander Leid zufügen. Und immer dann, wenn er etwas nicht so recht verstand, dachte er an Gott und fragte ihn um Rat. Eines Tages betete David zu Gott. Er sagte: >Ich bin klein, bin gegen den Riesen Goliat nur ein winziger Zwerg, aber ich will auch mein Heimatland verteidigen. Bitte, beschütze mich.< David spürte ganz tief, dass Gott ihn nicht alleine lassen würde, und verkündete: >Ich kämpfe gegen Goliat, den Riesen!< Die Erwachsenen schüttelten ihre Köpfe und sagten: >Du kannst doch nicht gegen einen Riesen kämpfen, du bist doch viel zu klein!< David aber antwortete: >Nur weil Goliat so groß ist, muss ich doch keine Angst vor ihm haben.<

Bevor David in den Kampf zog, legte der Vater ihm die Hand auf den Kopf und segnete ihn. Mit diesem Segen zog er los. Als einzige Waffe hatte er nur seine kleine Schleuder bei sich. Als der Riese ihn kommen sah, lachte er: >Ha, ha, ha.< Er lachte so laut, dass es über die Berge hinwegschallte. Der Riese schrie: >Was willst du kleiner Wicht bei mir? Wenn ich dich nur anpuste, dann fliegst du mit dem Wind zurück in deine Heimat!< Doch David ließ sich nicht einschüchtern. Er rief: >Du kannst so laut schreien, wie du willst, ich habe keine Angst vor dir. Gott ist stärker als du. Gott ist bei mir. Er gibt mir Mut und Kraft!< Noch ehe Goliat etwas erwidern konnte, schleuderte David mit seiner kleinen Schleuder einen Stein in die Richtung des Riesen. Goliat fiel auf der Stelle um und stand nicht mehr auf. Als die fremden Krieger das sahen, liefen sie alle davon. David aber eilte mit all seinen Freunden zurück nach Hause. Da war die Freude groß. Endlich konnten die Menschen wieder in Frieden leben. Sie dankten Gott und feierten ein fröhliches Friedensfest.«

Arne hört seiner Mutter still zu. Er denkt über alles lange nach, dann fragt er: »Mama, meinst du, Gott liebt mich auch?« Die Mutter nickt und lächelt ihrem Sohn liebevoll zu.

»Ja, Arne, ich weiß es ganz genau. Gott hat auch dich lieb, und wird dich immer beschützen!«

»Auch gegen die Großen, die so gemein zu mir sind?«

»Weißt du, Arne, wenn Gott es will, dann können auch Kleine etwas bewirken, auch ohne Schleuder. Eigentlich hat David den Riesen Goliat schon durch seinen Mut besiegt. Auch du brauchst nur Mut und Vertrauen, dann kannst du stärker sein als die Großen, die dich so kränken.«

Arne holt tief Luft, dann umarmt er seine Mutter, so fest wie nie zuvor. Als er sie wieder loslässt, meint er: »Mama, das war für dich und für Gott!«

Später, am Abend, als Arne im Bett liegt, kann er noch lange nicht einschlafen. Immer wieder denkt er an den kleinen David, der so mutig war, und der Gott so sehr vertraute. Arne faltet seine Hände und spricht:

»Lieber Gott, ich bin traurig, alle lachen über mich, und das nur, weil ich nicht so schnell wachse wie sie. Bitte hilf mir, dass ich vor Markus und den anderen Großen keine Angst mehr habe. Bitte hilf mir auch, dass ich einen Freund finde, der mich versteht und zu mir hält. Amen.«

Nach diesem Gebet fühlt Arne sich richtig gut. Er kuschelt sich in sein warmes Kissen und schläft beruhigt ein.

Inzwischen sind einige Wochen vergangen. An einem warmen
Sommertag klingelt der Eismann. Schnell bildet sich vor dem
Eiswagen eine lange Warteschlange mit Kindern. Auch Arne
harrt geduldig aus. Endlich bekommt er sein gewünschtes Eis.
Hmm, das schmeckt und erfrischt. Nach ihm ist sein Freund Tim
an der Reihe.
»Ich möchte eine Kugel Schoko- und eine Kugel Vanilleeis!«
Der Eisverkäufer füllt das Eis in die Waffel und sagt: »Macht ein
Euro zwanzig!«
Mit verschwitzten Fingern legt Tim eine Münze nach der ande-
ren auf den Tresen. Die Kinder hinter ihm werden schon unge-
duldig. Sie murren: »He, Kleiner, mach zu!« »Mensch, mach
endlich Platz!« »Kann der noch nicht bis drei zählen?«
In dem Moment, als der Eisverkäufer Tim das Eis reicht, schubst
Markus ihn von hinten. Tim schlägt mit seinem Kopf gegen den
Tresen und sein Eis fällt herunter. Die wartenden Freunde von
Markus lachen schadenfroh. Tim schaut sich erschrocken um.
In seinen Augen schwimmen Tränen. Arne, der auf Tim gewartet
hat, ruft wütend: »Ihr seid gemein! Tim hat euch nichts getan!«
»Der Junge hat Recht«, sagt der Eisverkäufer und reicht Tim
ein neues Eis. »Euch verkaufe ich heute kein Eis!«, ruft er,
schließt seinen Wagen und fährt davon. Verdutzt gucken die
Kinder dem Eiswagen hinterher. Sie sind stinksauer. »Und das
alles nur wegen Tim!«, schimpfen sie.
»Nee«, erwidert Arne, »daran seid ihr selber schuld!«
Eisschleckenderweise gehen Arne und Tim nebeneinander her.
Da sagt Tim zu Arne: »Danke, dass du mir beigestanden hast.
Du warst ganz schön mutig!«
Arne lächelt glücklich und denkt dabei an David.

Dann war es eben Gott

Kurze Inhaltsangabe:

Bei Ulli und Anna zu Hause ist nichts so, wie es eigentlich sein sollte. Es gibt kein ordentliches Frühstück oder eine Gute-Nacht-Geschichte, denn ihre Eltern sind beide Alkoholiker. Die Geschwister beschließen, von zu Hause wegzulaufen. Schon bald merken ihre Eltern, wie sehr die Kinder ihnen fehlen, und machen eine Entziehungskur. Als Ulli und Anna aus dem Kinderheim wieder nach Hause dürfen, trauen sie ihren Augen nicht: Die Wohnung ist sauber und die Eltern sehen gepflegt und glücklich aus. Bei solch einem großen Wunder, da ist sich Anna sicher, muss Gott seine Finger im Spiel gehabt haben.

Auch diese Themen sind enthalten:

Geschwisterliebe – Sucht – Wunder – Vertrauen auf Gott – Hilfe von außen, …

Eines Morgens waren die Kinder verschwunden, ihre Betten leer. Sie waren einfach weggegangen – Ulli und Anna.

Mitten in der Nacht war Ulli aufgestanden. Sein Entschluss stand fest: Er würde mit Anna weggehen. Wohin? Das wusste er nicht.

Schon oft hatte er abends im Bett mit seiner Schwester geflüstert und manchmal hatten sie beide geweint.

Ulli hatte gesagt: »Wir gehen weg« und Anna hatte gefragt: »Wohin?« Da hatte Ulli gesagt:

»In ein schöneres Land.«

Anna wollte wissen, ob das Land weit weg sei und Ulli hatte geantwortet: »Ich weiß es nicht. Wir suchen es eben.«

Heute war es so weit, beschloss Ulli.

Ganz leise sah er nach seinen Eltern. Der Vater lag auf der Couch und schnarchte. Sein Gesicht war rot und auf dem Boden sah Ulli leere Weinflaschen. Die Mutter lag in ihrem Bett wie tot, nichts konnte sie wecken. Auch bei ihr lagen leere Flaschen herum. Es war wie immer.

Ulli wusste, es würde wieder kein ordentliches Frühstück geben und kein Mittagessen. Aber der Vater würde schreien und brüllen, irgendetwas kaputtschlagen oder ihm völlig ohne Grund eine Ohrfeige verpassen. Auch Fußtritte hatte er schon bekommen. Jetzt hatte Ulli Angst um sich und seine kleine Schwester. Sie war erst fünf Jahre alt, aber er war schon zehn und würde sie beschützen.

Die Schule? Ach, das war jetzt egal. Er kam sowieso regelmäßig zu spät und hatte nur selten seine Hausaufgaben gemacht, weil ihm daheim niemand half. Für Schulsachen hatte das Geld auch nie gereicht.

Jetzt packte Ulli seinen Rucksack mit ein paar Sachen für sich und seine Schwester, holte Zwieback aus der Küche, eine Tafel Schokolade und Äpfel. Dann weckte er Anna.

»Zieh dich an, wir gehen«, sagte er. Anna gehorchte ihm schlaftrunken.

»Gehen wir jetzt in das schöne Land?«, fragte sie.

»Ja und wir nehmen Karlchen mit.«

Karlchen war Annas Hamster. Sie wollten ihn nicht zurücklassen, denn schon manchmal hatte sein Käfig einen unfreundlichen Tritt abbekommen. Also wurde Karlchen mit reichlich Holzwolle in Annas kleinen Rucksack gesteckt.

Leise zogen sich die Kinder warme Jacken und Schuhe an und verließen das Elternhaus.

An der Ecke drehten sie sich noch einmal um. Es blieb alles

dunkel. Niemand war auf der Straße, selbst die Laternen brannten nicht. Anna hielt sich an der Hand ihres Bruders fest. So liefen sie aus dem Städtchen hinaus und kamen gut vorwärts. Im Osten wurde es schon ein klein wenig hell.

»Liegt dort das schöne Land?«, fragte Anna.

»Vielleicht«, sagte Ulli.

Als am späten Vormittag die Mutter nach den Kindern schaute, waren sie verschwunden, ihre Betten leer. Sie waren einfach weggegangen, Ulli und Anna und Karlchen.

Die Eltern setzten sich an den Tisch, öffneten eine neue Flasche Wein und der Vater sagte:

»Wenn der Junge nicht da ist, musst du Zigaretten holen.«

Die Frau trank ihr Glas leer und sagte immer und immer wieder:

»Die Kinder sind weg. Die Kinder sind weg.«

Sie blieben den ganzen Tag am Tisch sitzen und tranken.

Ulli und Anna waren schon weit gekommen. In der Ferne sahen sie Berge. Sie hatten die große Straße verlassen und gingen auf einem schmalen Weg, der einen kleinen Fluss begleitete. Als Anna nicht mehr konnte, setzten sie sich ins Gras, aßen Schokolade und Zwieback und Karlchen bekam ein Stück Apfel.

Anschließend wanderten sie noch eine Strecke weiter, aber Anna wurde immer langsamer. So suchte Ulli nach einem Platz zum Ausruhen. Nicht weit entfernt entdeckte er eine kleine Scheune, die sie auf einem Feldweg erreichten. Sie war offen und duftete nach Heu. Die Kinder ließen sich hineinfallen und Anna schlief sofort ein.

Ulli grübelte noch eine Weile, dann fielen auch ihm die Augen zu.

Er schreckte von einem Geräusch hoch, das immer näher kam.

Es war ein Traktor. Als er aus dem Scheunentor schaute, stand die Sonne schon im Westen. Die Kinder hatten viele Stunden geschlafen.

Der Traktor bog um die Scheune und der Bauer staunte nicht schlecht, als er den Jungen sah.

»Nanu, was machst du denn hier? Woher kommst du?«

»Ich ... wir ...«, stotterte Ulli, »meine Schwester und ich, wir können nicht mehr zu Hause bleiben und wir suchen einen Platz, an dem es uns besser geht.«

In der Scheune entdeckte der Bauer die schlafende Anna.

»Was ist mit euren Eltern?«

»Die ... die ... die ...«, Ulli konnte es nicht sagen. Er stand einfach nur da, blass und dünn und der Bauer fragte diese kleine traurige Gestalt nichts mehr, weil er ahnte, dass dieser Junge nicht einfach nur ein Ausreißer war.

»Ich nehme euch mit zu meiner Frau«, sagte er, »weck deine Schwester«.

Anna blinzelte schlaftrunken ins Tageslicht. Der Bauer hob sie auf den Traktor, Ulli kletterte selbst hinauf.

»Festhalten! Es ist nicht weit.«

Anna war richtig wach geworden, lachte und freute sich über die lustige Fahrt.

»Sind wir schon in dem schöneren Land?«, fragte sie ihren Bruder.

»Keine Ahnung«, sagte er.

Bald erreichten sie den Hof des Bauern und staunten. Nur im Bilderbuch hatten sie bisher so etwas gesehen.

Die Bäuerin wusste sofort, was die Kinder brauchten. Im Nu hatte sie zwei dicke Pfannkuchen gebacken und mit Zucker bestreut. Ulli und Anna schmausten und waren glücklich.

Die Bäuerin nahm Anna auf den Schoß und streichelte sie.

»Erzähl mir doch von deiner Mama«, sagte sie.

Da fing Anna schrecklich zu weinen an und sie beruhigte sich erst,
als Ulli Karlchen aus dem Rucksack holte und seiner Schwester auf
den Arm setzte. Seine langen Schnurrbarthaare kitzelten Anna an
der Wange und mitten im Weinen musste sie lachen.
Draußen fuhr ein Auto vor. Es klopfte und herein kamen zwei
Polizisten. Der Bauer hatte sie gerufen. Ulli wurde auf seinem
Stuhl immer kleiner.
»Abhauen«, dachte er blitzschnell, »aber ohne Anna?«
»Ich gehe nicht mehr 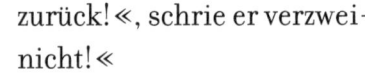 zurück!«, schrie er verzwei-
felt, »und Anna auch nicht!«
Allmählich wurde allen das Problem der Kinder klar.
»Wir bringen euch erst einmal in ein Kinderheim«, sagte einer
der Polizisten. »Das Jugendamt wird eure Eltern benachrichti-
gen und dann sehen wir weiter.«
Und so geschah es. Am Abend klingelte es bei den Eltern. Schnell
erkannte die Frau vom Jugendamt, was in der Familie los war:
Vater und Mutter können ohne Alkohol nicht leben, der Haushalt
ist verkommen, Kinder können und dürfen hier nicht bleiben.
»Wenn Sie Ihre Kinder wiederhaben wollen, dann müssen Sie
Ihr Leben ändern.« Damit ging die Frau.
Nun blieben die Kinder im Heim und Karlchen auch, zur Freude
aller.
Anna fragte ihren Bruder, warum sie nicht bei der Frau mit den
Pfannkuchen bleiben konnten.
»Weil wir da nicht hingehören«, sagte Ulli.
»Und wo gehören wir hin?«
»Das weiß der liebe Gott allein«, brummte Ulli.
»Vielleicht kann der etwas für uns tun«, meinte Anna, »aber
der ist ja ganz weit weg im Himmel.«
Viele Tage gingen ins Land. Ganz allmählich war es Ullis und
Annas Eltern bewusst geworden, dass die Kinder nicht mehr im

Haus waren. Die Stille wurde immer unerträglicher. Die Mutter saß am Küchentisch und starrte vor sich hin. Ein bunter Fleck tanzte vor ihren Augen, bis sie erkannte, dass es ein Bild war. Anna hatte es irgendwann gemalt und an den Eisschrank geklebt. Die Mutter sah eine grüne Wiese. Darin standen ein Mann, eine Frau und zwei Kinder und hielten sich an den Händen. Sie hatten lachende Gesichter genau wie die große gelbe Sonne oben. Durch den blauen Himmel segelte eine weiße Wolke und unten im Gras saß ein kleiner Hamster. Lange schaute die Mutter auf das Bild. Dann legte sie den Kopf auf die Arme und weinte.

Der Vater kam mit einer Tasche voll neuer Flaschen nach Hause, setzte sich an den Tisch und legte seine schwere Hand auf den Kopf seiner Frau. Sie deutete auf das Bild und beide schauten es gemeinsam lange an.

So schön stellte sich ihre kleine Tochter das Leben vor. Aber in Wirklichkeit war ihr Leben so hässlich, dass sie mit ihrem Bruder weggegangen war.

Der Vater goss Wein in die Gläser, aber die Mutter schob ihr Glas weg und sagte:

»Ich will meine Kinder wieder haben.«

»Wir bekommen sie nicht, wenn wir unser Leben nicht ändern«, seufzte der Vater.

Noch am selben Tag gingen sie zum Arzt. Der schickte sie in ein Krankenhaus. Denn wenn man immer trinken muss, hat man eine schwere Krankheit, von der man sich nicht alleine heilen kann. Es dauerte viele Wochen. Die Eltern mussten schwer kämpfen, um wieder gesund zu werden. Es ging nur, weil sie es wirklich wollten und sich gegenseitig ermutigten.

Wieder zu Hause fand der Vater eine neue Arbeit. Das verkommene Haus wurde vom Keller bis zum Dach geputzt, Blumentöpfe in die Fenster gestellt und die schreckliche Vergangenheit hinausgeworfen.

Dann war es soweit. Die Kinder durften kommen. Sie standen in der Tür und hielten sich an den Händen.

Waren das wirklich ihre Eltern? Hatte die Mutter jemals so schönes Haar gehabt und war so schön angezogen? Und der Vater – er lachte. Er lachte wirklich, als er Ulli hereinzog und Anna auf den Arm nahm. Alle lachten und weinten zugleich. Dann standen die Kinder sprachlos im Zimmer und staunten. Ein Kuchen stand auf dem Tisch und Anna entdeckte zwei Päckchen in Geschenkpapier. Es war überall sauber und roch gut und keine einzige Flasche lag herum – nirgends.

»Es ist ein Wunder«, flüsterte Ulli, »ein richtiges Wunder.« Anna flüsterte: »Aber Wunder kann doch nur Gott machen«. »Dann war es eben Gott«, meinte Ulli und Anna nickte: »Dann war es eben Gott.«

Anna entdeckte ihr Bild. Es klebte nicht mehr am Eisschrank, sondern hing in einem roten Rahmen an der Wand. Die Anna auf dem Bild lachte und die wirkliche Anna auch. Sie war glücklich und hüpfte von einem Bein aufs andere. Jetzt waren sie da, wo sie hingehörten. Hier war das schöne neue Land.

Alle hatten sich viel zu erzählen, bis es draußen dunkel wurde. Als Anna abends im Bett lag, Karlchen mit der Holzwolle knisterte und Ulli das Licht ausmachte, fragte Anna, schon ganz schlaftrunken:

»Ulli, wie lange dauert ein Wunder?«

Maleen Hartung

Wo wohnt Gott?

Der Garten von Herrn Marvin

Kurze Inhaltsangabe:

Eigentlich haben es ihm seine Eltern ja verboten, tief im Wald zu spielen, aber Lennart tut es trotzdem! Eines Tages entdeckt er einen versteckten Garten, wo er Herrn Marvin, den Besitzer, kennen lernt. Lennart stellt ihm viele Fragen, über die Vögel und Pflanzen, die es in dem Garten zu entdecken gibt. Mit den Antworten, die Lennart zuerst merkwürdig erscheinen, bringt Herr Marvin ihm bei, in sein Herz hineinzuhorchen und die Dinge so zu spüren und zu sehen, wie Gott sie geschaffen hat.

Auch diese Themen sind enthalten:

Neugier – Natur – Freundschaft – Zuversicht – Gottvertrauen

Obwohl Lennart das eigentlich nicht durfte, ging er ab und zu beim Spielen etwas weiter in den Wald hinein. Als er vor einiger Zeit im Wald war, entdeckte er einen langen Zaun aus hohen Holzpfählen, eine Palisade.

So eine Holzpalisade mitten im Wald, das war schon etwas Spannendes für so einen Jungen, wie Lennart einer war. Und natürlich wollte er wissen, was sich dahinter verbarg. Er schritt die Pfähle entlang und kam plötzlich an eine kleine Pforte. Die Pforte war längst nicht so hoch wie die übrigen Holzpfähle, so dass Lennart einen Blick hinüberwerfen konnte. Das, was er da erblickte, ließ sein Herz ein wenig schneller klopfen. Hinter der Palisade war ein wunderschöner Garten. In der Mitte plätscherte ein kleiner Springbrunnen, um den herum eine Menge Obstbäume standen. In der Ecke gab es auch eine Bank und einen Tisch.

Natürlich wusste Lennart, dass man eigentlich keine fremden Grundstücke betritt, aber im Moment war seine Neugier einfach stärker.

»Ich mache auch bestimmt nichts kaputt, wenn ich ein bisschen umhergehe, das merkt bestimmt niemand«, dachte er bei sich. Mit einem leisen Quietschen öffnete er die Pforte und ließ sich von dem geheimen Platz verzaubern.

Manchmal, wenn man in einem Moment viele tolle Dinge erlebt, fühlt es sich an, als ob die Zeit ein kleines bisschen schneller läuft als sonst. Man sagt dann auch, die Zeit fliegt. Im Augenblick war gerade so ein Moment für Lennart. Er bekam nicht einmal mehr mit, dass inzwischen ein älterer Mann, genauer gesagt Herr Marvin, der Besitzer, den Garten betreten hatte. Lennart bekam einen riesigen Schreck, als Herr Marvin plötzlich rief: »Na du, gefällt es dir hier?« Er nickte still und war ein bisschen ängstlich.

Von dem Baum neben ihm pflückte Herr Marvin zwei saftige Äpfel und winkte Lennart zu sich: »Magst du einen?«, fragte er. Beide gingen sie zu der Bank und dem Tisch und setzten sich. Als die Äpfel verzehrt waren, durfte Lennart erst einmal seine Neugierde stillen und alles fragen, was er über den Garten wissen wollte. Herr Marvin musste in seinem Leben viel nachgedacht haben, denn manchmal gab er Antworten, die Lennart sehr erstaunten.

»Was ist das für ein Vogel da hinten auf dem Pflaumenbaum?«, wollte Lennart wissen.

»Das ist gar nicht so einfach. Es gibt viele hundert Völker und jedes davon bekam von Gott eine andere Sprache. Und in jeder Sprache gibt es einen eigenen Namen für diesen Vogel ... Wenn du wirklich etwas über den Vogel wissen möchtest, musst du zusehen, wie er von Baum zu Baum fliegt, wie er von Ast zu Ast

hüpft. Zuhören, wie er seine Lieder singt. Wenn du das alles
gemacht hast, musst du schließlich in dein Herz hineinspüren.
Spüren, wie sich das anfühlt, was du fühlst, wenn du an den
Vogel denkst.«

Inzwischen sind einige Wochen vergangen. Lennart blickt still
zu Boden und trottet ein wenig lustlos durch die Gegend. Er
ist traurig. Er beschließt, Herrn Marvin in seinem Garten zu
besuchen. Während beide auf der Bank sitzen, fordert Herr
Marvin ihn auf: »Mach mal die Augen zu und guck in dein
Herz hinein ... Siehst du da am See unter dem alten Kastanienbaum den kleinen Jungen, der Papierboote auf dem Wasser
schwimmen lässt und dir zulächelt?«
»Nein«, wiederspricht Lennart heftig, »ich sehe da nur
einen Jungen, dem ganz viele Tränen das Gesicht hinunter-
kullern!«
Einen Moment denkt Herr Marvin nach: »Weißt du, wie die
Sonnenstrahlen den Weg zur Erde finden? Gott erzählt ihnen,
wo sie auf ihrer Reise längs müssen, damit sie die Erde auch
finden – Gott mag es nicht, wenn die Menschen traurig sind. –
Guck noch mal in dein Herz zu dem Jungen, dem die Tränen
das Gesicht entlangkullern. Siehst du da hinten die Sonnenstrahlen? Und da, in der Träne, einen winzig kleinen Regenbogen?«
Lennart wurde es auf einmal ganz warm ums Herz und das
blieb, noch lange, nachdem er Herrn Marvin verlassen hatte.

Holger Schnoor

Tante Tines Geschichten

Kurze Inhaltsangabe:
Helge freut sich auf den Abend: Tante Tine, die so tolle Geschichten erzählen kann, soll auf ihn aufpassen. Als er im Bett liegt und sie die Sterne anschauen, möchte Helge gerne eine Sternschnuppen-Geschichte hören. Tante Tine hat sofort eine Idee und fängt an zu erzählen ...
Helge möchte gerne wissen, woher sie alle ihre schönen Einfälle hat, und seine Tante hat eine erstaunliche Antwort für ihn parat: Die Geschichten wachsen und entfalten sich aus all den Dingen, die Gott den Menschen in ihre Herzen gepflanzt hat.

Auch diese Themen sind enthalten:
Fantasie – auf sein Herz hören – Gottes Gaben, ...

Diesen Samstag waren Helges Eltern zu einem Fest eingeladen. Seine Tante Christine, die er liebevoll Tante Tine nannte, hatte versprochen an diesem Abend auf Helge aufzupassen.
»Au ja! Au ja!«, rief Helge, als er erfuhr, dass Tante Tine zu Besuch kam. Denn sie konnte wundervolle Geschichten erfinden, mit denen sie allen Jungen und Mädchen, die ihre Geschichten hörten, eine große Portion Mut und Liebe mit auf den Weg gab.
Helges Zimmer war unter dem Dach, es hatte zwei Fenster, durch die man direkt in den Himmel sehen konnte. Tante Tine und er sahen oft durch die Fenster und schauten, wie die Sterne einer nach dem anderen am Nachthimmel aufgingen. Dann fing sie an zu erzählen:

»Siehst du, da oben im Norden, Pegasus, das Pferd mit den Flügeln. Es ist vor langer, sehr langer Zeit zu den Sternen hinaufgeflogen und da ist das Pferd mit den Flügeln seitdem und beschenkt uns jede Nacht mit seinem wundervollen Glanz. Weißt du, woher das Lächeln kommt, das auf seinen Augen liegt, wenn es schläft? Es wurde am Rand einer neu geborenen Frühlingswolke gemacht, als gerade ein blasser Lichtstrahl von einem untergehenden Wintermond vorbeiraste.«

Neulich, als Helge mit seinem Vater am Mühlteich spazieren gingen, sah er zum ersten Mal in seinem Leben eine Sternschnuppe. Der Himmel war plötzlich für einen winzig kleinen Augenblick an der Stelle, wo die Sternschnuppe war, viel heller als sonst.

»Du ... Tante Tine, weißt du auch eine Geschichte über eine Sternschnuppe?«, fragte Helge, »ich habe gerade neulich eine mit Papa zusammen gesehen.« Sie lächelte ihr sanftes Geschichtenerzählerinnenlächeln und begann:

»Aaalso: Es war einmal eine kleine Sternschnuppe, die wurde von Gott damit beauftragt, noch ein paar Sternbilder an den Himmel zu malen. Doch das war gar nicht so einfach, denn unsere kleine Sternschnuppe war schon sehr fleißig gewesen und hatte bereits all ihren Sternenstaub aufgebraucht. Was sollte sie bloß tun? Da fiel ihr plötzlich ein, dass sie rechts neben dem Sternbild des Schwans einen Nebel der Traurigkeit gemalt hatte. Doch eigentlich mochte die Sternschnuppe kein trauriges Universum. Nach einer Weile beschloss sie, den Sternenstaub, den sie damals für die Nebel der Traurigkeit benutzt hatte, wieder einzusammeln ...

Schließlich malte sie rechts neben dem Orion einen kleinen Hasen, der einem hin und wieder zublinzelt und wenn man zufällig zum Sternenhimmel schaut, während er einem zublinzelt, geht ein geheimer Wunsch in Erfüllung.«

»Tante Tine«, fragte Helge nach einem Weilchen, »wo kommen eigentlich deine Geschichten her?«

»Erinnerst du dich noch an den Samstag vor zwei Wochen, als wir zusammen mit den Dominosteinen gespielt haben? Zuerst haben wir alle Steine in einer langen Reihe aufgestellt und dann durftest du den ersten Stein antippen. Alle Steine sind mit einem lauten Rattern umgefallen. So in etwa ist das auch mit einer Geschichte, zuerst ist da die allererste Idee und die schubst dann eine Idee nach der anderen an, bis daraus eine Geschichte geworden ist.«

»Und woher kommt die allererste Idee?« wollte Helge wissen.

»Mit der hat es etwas Besonderes auf sich. Das ist ähnlich wie mit den Sonnenblumenkernen, die ihr im Frühling eingepflanzt habt. Wenn man sie mit viel Liebe und Sorgfalt pflegt, wachsen prächtige, große Blumen daraus. Ebenso hat Gott in unsere Herzen ganz viele Dinge eingepflanzt. Und manchmal werden aus einigen davon allererste Ideen für Geschichten.«, antwortete Tante Tine.

Holger Schnoor

Großvater

Kurze Inhaltsangabe:
Wie immer freut sich Marie sehr auf ihren Großvater. Mit ihm kann sie Spaß
haben und er erzählt immer so tolle Geschichten. Doch etwas ist anders an
diesem Besuch: Als Großvater Maries kleinen Bruder begrüßt, verbeugt er
sich vor ihm. Am Abend hat Marie ihren Opa endlich für sich und fragt ihn
nach seiner merkwürdigen Geste. Kleine Kinder seien wie ein Gruß Gottes
aus dem Paradies, deshalb verneige er sich vor ihnen, erklärt der Großvater. Im Laufe der Jahre nutzt sich das unschuldige Lächeln immer mehr ab
und die schlimmen Erfahrungen, die ein Mensch im Leben macht, überde-
cken sein reines und befreites Lachen.

Auch diese Themen sind enthalten:
Kinder als Geschenk Gottes – Familie – Zweisamkeit, ...

Großvater kam zu Besuch. Marie freute sich schon seit Tagen
darauf, denn er konnte wunderbar Geschichten erzählen,
Quatschgeschichten und traurige Geschichten. Er konnte Gri-
massen schneiden, Gitarre spielen, mit ihr singen, und er ließ
sie beim Spielen ganz heimlich gewinnen. Großvater war toll.
Seit einer Stunde schon saß Marie am Fenster, um ja nicht zu
verpassen, wenn er kam. Endlich sah sie sein altes, gelbes
Auto in die Straße einbiegen.
»Großvater ist da!«, rief sie und stürmte zur Haustür. Sie
sah, wie er ein bisschen mühsam aus dem Auto stieg und sich
nach der langen Fahrt streckte. Dann war sie schon bei ihm
und flog ihm um den Hals.

»Mariechen, was bist du groß geworden!«, sagte er. Dabei
lachte er sein Großvaterlachen und zauste ihr die Haare.
»Komm, hilf mir auspacken.«

Großvater kam immer beladen wie der Nikolaus: ein Riesen-
blumenstrauß aus dem Garten für Mama, ein Korb voll Erdbeeren, auch aus dem Garten, ein paar Gläser selbst gemach-
te Marmelade, ein duftendes, frisch gebackenes Brot – »Bin
extra um 5 Uhr heute morgen aufgestanden!« –, Großvaters
Koffer, seine Gitarre und natürlich Herr Schmitt, Großvaters
alter Hund. Der hatte die ganze Fahrt verschlafen und kam
jetzt schwanzwedelnd zwischen all den Gepäckstücken
hervor.

Mama und Papa kamen aus dem Haus, um Großvater zu
begrüßen. Mama trug Lukas auf dem Arm, Maries kleinen
Bruder. Der war gerade drei Monate alt geworden. Großvater
umarmte Papa, und der Mama gab er einen liebevollen Kuss
auf die Wange und sagte: »Wirst mit jedem Kind hübscher,
mein Mädchen.«

Dann wandte er sich dem kleinen Lukas zu, der ihn die ganze
Zeit mit großen Augen angesehen hatte, schaute ihn an und
sagte mit seiner warmen, tiefen Stimme: »Guten Tag, kleiner
Mann.« Da lachte Lukas, nicht nur mit seinem kleinen, zahn-
losen Mund und seinen blitzenden blauen Augen, sondern
mit seinem ganzen kleinen Körper; seine Ärmchen öffneten
sich und er strampelte mit seinen kleinen runden Beinchen.
Der ganze Lukas lachte und strahlte und gluckste vor Freude.
Da tat Großvater etwas Merkwürdiges: Er ergriff ganz behutsam ein Händchen von Lukas, küsste es und verbeugte sich
vor ihm, ganz tief.

Der Tag verging schnell. Mama hatte lecker gekocht; sie blieben lange am Tisch sitzen und erzählten. Aber den ganzen Tag

über blieb Marie das Bild vor Augen, wie der Großvater – in der einen Hand noch den großen Blumenstrauß – sich vor ihrem kleinen Bruder verbeugte.

Es wurde Abend. Mama brachte Lukas ins Bett, Papa räumte die Küche auf und Großvater setzte sich in den großen Sessel im Wohnzimmer. Diese Stunde gehörte Marie. Sie setzte sich auf Großvaters Schoß und kuschelte sich an ihn. Sie spürte seinen Bart an ihrer Wange und schnupperte an seinem Hals. Er roch immer so gut – wie frischer Wind.

»Na, Wicht?«, sagte er und kraulte ihr den Rücken. >Wicht<, das sagte nur Großvater zu ihr. Das war plattdeutsch und hieß >Mädchen<. Es hatte so einen warmen, gemütlichen Klang und war meist der Beginn eines langen Gespräches zwischen Marie und Großvater. So war es auch heute.

»Du, Großvater ...«, begann Marie.

»Hmm«, brummte er.

»Warum hast du dich eigentlich vor Lukas verbeugt?«

»Ja, warum eigentlich?«, wiederholte er nachdenklich. »In dem Moment habe ich gar nicht darüber nachgedacht. Ich würde mich, glaube ich, vor jedem kleinen Kind verbeugen, nicht nur vor eurem Lukas. Kleine Kinder sind für mich wie ein Gruß von Gott, wie eine Ansichtskarte aus dem Paradies. So lachen nur die Menschen im Paradies, die noch nichts Böses erlebt und getan haben. Wenn kleine Kinder lachen, dann ist es so, als ob Gott uns zuruft: >Vergesst nicht euer Zuhause. Es ist immer noch da<. Das ist etwas so Wunderbares und Großes, dass ich mich einfach verbeugen muss.«

Darüber musste Marie erst mal nachdenken. »Und wie ist es, wenn ich lache?«, fragte sie dann etwas zaghaft. Da setzte

Großvater sie vor sich auf seinen Schoß, lächelte sie an und sagte: »Ich liebe dich, Marie, genauso wie deinen kleinen Bruder, und ich liebe dein Lachen. Aber weißt du, mit uns Menschen ist es so wie mit kostbaren Bildern. Mit der Zeit setzt sich Staub und Schmutz darauf. Dann leuchten sie nicht mehr ganz so kräftig und klar. So setzt sich auch auf unser Leben und unser Lachen eine Art Staub aus schlechten Erfahrungen und traurigen Erlebnissen. Und die hat der Lukas noch nicht gehabt. – Aber wenn ich dich so recht betrachte«, – Großvater hielt Marie mit beiden Händen noch ein Stückchen weiter von sich weg – »durch deinen Lebensstaub blitzt es aber noch ziemlich durch, das Paradies. Da! Gerade hat es an deinem linken Ohrläppchen geblinkt und jetzt sogar in beiden Augen!«

Da lachte Marie und knuddelte ihren Großvater ganz doll. Und dann erzählten sich die beiden noch viel.

Als Marie ins Bett ging, drehte sie sich an der Tür noch einmal um und sagte: »Gute Nacht, mein Paradiesgroßvater.«

»Gute Nacht, Wicht«, sagte der Großvater und lächelte, und Herr Schmitt lag neben ihm und wedelte mit dem Schwanz.

Annegret Pietron-Menges

»Gott ist überall...«

Kurze Inhaltsangabe:

Lea versteht die Welt nicht mehr: Auf der Beerdigung ihres Onkels sagt der Pfarrer, dass Gott in jedem Menschen ist. Aber was soll das heißen? Wo genau ist Gott denn in Lea drin?

Nach einem längeren Gespräch versteht Lea, dass man Gott zwar nicht sehen und direkt mit ihm reden kann. Aber Gott ist immer da, wenn man ihn braucht, man muss nur in sich hineinhören, dann kann man ihn spüren und er spendet einem Kraft und Hoffnung. Lea ist glücklich: Gott hilft ihr, Menschen zu finden, mit denen sie reden und denen sie vertrauen kann. Gott behütet die Menschen und ist immer für sie da.

Auch diese Themen sind enthalten:

Hoffnung – Auf andere Menschen zugehen – Liebe und Vertrauen weitergeben – ganzheitliches Denken, ...

» >... er ist in jedem Menschen.< Das hat der Pfarrer in der Kirche gesagt. Aber das verstehe ich nicht«, berichtet mir Lea, als ich sie frage, ob sie mir erzählen wolle, worüber sie gerade nachdenke. Lea nickte. Und dann beginnt sie mit folgender Geschichte:

»Also, das war so. Ich war in der Kirche. Mein Onkel ist nämlich gestorben, und da war ich mit meiner Mutter auf der Beerdigung. Es waren viele Leute in der Kirche. Der Pfarrer hat lange gesprochen. Ich habe mich dann umgeschaut. Die Menschen machten alle traurige Gesichter. Nur eine Frau hat mich kurz angelächelt und dann wieder weggeschaut. Meine Mutter hat ein bisschen geweint. Da habe ich ihre Hand genommen, und sie hat meine Hand dann ganz fest gedrückt und mit ihrem Daumen über meine Hand gestreichelt.

Der Pfarrer hat dann von Gott gesprochen, dass er überall ist, in jedem Menschen, und dass er uns in unserer Trauer begleitet. Aber wie macht er das? Wo ist er denn? Ich weiß es nicht, wo er in mir ist. Das verstehe ich nicht.«

»Ja, Lea, das ist auch gar nicht so einfach zu verstehen. Da haben selbst viele Erwachsene Schwierigkeiten mit, das zu begreifen«, sage ich zu ihr.

»Wo ist er denn in mir drin?«, forscht sie weiter.

»Lea, Gott ist in deinen Gedanken. Er begleitet dich in deinem Leben. Gott lässt dich das Schöne und das Traurige erleben.«

»Ich verstehe das nicht«, murrt Lea.

»Schau, Gott ist so wie eine tiefe Kraft, die in dir steckt und die du in dir spürst. Eine Kraft, die Hoffnung gibt, die dir hilft, wenn du z.B. nicht mehr weiterweißt.«

»Hm«, stutzt Lea.

»Vorhin hast du da gesessen und gegrübelt. Du hast nach einer Antwort gesucht auf die Frage, was das heißt: Gott ist in jedem Menschen. Du hast gehofft und gewünscht, eine Antwort zu finden. Ich habe dich gesehen. Mir fiel an deinem Blick auf, dass dich etwas beschäftigte, und ich sprach dich an. So hat sich dann unser Gespräch entwickelt. Gott gibt dir nicht die Antwort so direkt, aber er schenkt dir jemanden, der dir zuhört, dem du dich mit deinen Fragen anvertrauen kannst und der mit dir gemeinsam nach einer Antwort sucht. Gott lässt dich mit deinen Fragen und Sorgen nicht allein.«

»Aber wenn du mich nicht angesprochen hättest, dann wäre ich doch damit allein geblieben.«

»Nicht ganz und auch nur so lange, wie du das gewollt hättest. Wenn ich dich nicht bemerkt hätte, dann hättest du die Frage nachher bestimmt deiner Mutter oder sonst jemandem gestellt. Denn, wenn einen etwas so sehr beschäftigt, dann versucht man alles, um eine Antwort zu finden.«

»Hm«, nickt Lea zustimmend. Dann folgte eine längere Redepause. Lea dachte nach. »Wenn Gott in jedem Menschen ist, dann heißt das ja, dass er in mir drin ist, aber dass ich ihn nicht sehen kann?«

»Ja, du kannst ihn nicht sehen, aber du spürst ihn. Du spürst ihn immer dann, wenn du dir Zeit nimmst, in die Stille hineinhörst, dich an ihn wendest und mit ihm sprichst.«

»Aber wie kann ich mit Gott sprechen? Er redet doch nicht mit mir. Er gibt mir keine Antwort. Das hast du vorhin selbst gesagt.«

»Gott antwortet dir nicht so direkt wie ich dir eine Antwort gebe – jetzt im Gespräch, das stimmt. Doch wenn du in dich hörst, dann spürst du es, und du begibst dich auf den Weg, um eine Lösung zu finden. Dann hat Gott mit dir gesprochen. Gott hat dir eine Antwort gegeben, in dem er dich in deinen Fragen begleitet und dir Hoffnung schenkt. Das Schöne daran ist, er ist immer da, er verlässt dich nie. Du kannst ihn verlassen, wenn du ihm z.B. keine Beachtung mehr schenkst, doch er verlässt dich nie. Gott bleibt in dir und überlässt es deiner Entscheidung, ob du mit ihm reden willst und ob du ihm Platz in deinen Gedanken lässt.«

Wieder folgt ein nachdenkliches Schweigen.

»Und wenn ich traurig bin, was macht Gott dann?«

»Dann ist er auch für dich da. Er kennt deinen Kummer und er ist bei dir. Du bist nicht alleine. Er gibt dir Kraft, wenn du ihn darum bittest. Gott schenkt dir Hoffnung, wenn du ihm deine Sorgen und Fragen mitteilst. Und dann kannst du wieder weitergehen. Er lässt dich das Traurige und Schöne erleben und ist immer bei dir. Er hilft dir, deinen Weg zu erkennen und zu gehen. Aber gehen musst du den Weg selber. Du kannst darauf vertrauen, dass er dich begleitet.

Gott hilft dir, Menschen zu finden, die dich verstehen, denen du dich anvertrauen kannst, die dir helfen und dich unterstützen, damit du mit viel Freude, Liebe und Hoffnung durch das ganze Leben gehen kannst. Und du gibst auch wieder anderen Menschen Liebe, Hoffnung und Freude, indem du achtsam durchs Leben gehst, jemanden anlächelst, jemandem zuhörst, jemandem Bilder malst oder was dir sonst noch alles einfällt. Du hast da deine ganz eigenen Möglichkeiten und Qualitäten.«

»Und das wäre nicht möglich, wenn Gott nicht in mir wäre?«, fragt Lea.

»Wenn du keine Hoffnung hättest und Gott dir keine Kraft schenken würde – ja, dann wäre das so nicht möglich.«

Lea steht auf. Sie strahlt. »Ich bin froh, dass Gott in mir ist.«

Christel Müllenbach

Wer sitzt auf dem Blinzelstern?

Kurze Inhaltsangabe:

Elsa liebt es, sich bei Nacht die Sterne anzugucken. Als Elsas Vater ihr eines Nachts die Sternenbilder erklärt, gefällt ihr ein Stern besonders gut. Er blinkt und blitzt so stark, dass Elsa das Gefühl hat, Gott zwinkere ihr von dort oben zu. Gott kann überall sein, ganz nah und ganz fern, in einem Schlafzimmer und auch auf einem »Blinzelstern«.

Auch diese Themen sind enthalten:

Fantasie – Geborgenheit – Nachthimmel – Vater/Tochter-Beziehung, ...

Autofahren bei Nacht, das findet Elsa toll. Wegen der vielen Lichter, die draußen vorbeihuschen: Grelle Autoscheinwerfer. Gelbe Straßenlaternen. Sanftes Licht aus den Fenstern. Bunte Reklame. Alles sieht fremd aus. Geheimnisvoll. Glitzernd. Schön ist die Nacht!

Elsa merkt gar nicht, wie müde sie ist. Martin schläft längst neben ihr auf dem Autorücksitz. Die Eltern müssen ihn wecken, als sie endlich zu Hause ankommen. Schlaftrunken tapst er ins Haus. Elsa bleibt draußen. Sie will unbedingt noch die Sterne ansehen.

Was für ein gewaltiger Himmel! Er ist wolkenlos, er glitzert und funkelt. So viele Lichter da oben! Die einen gelb. Die anderen blass. Und je länger Elsa hinschaut, desto mehr sieht sie. Der Himmel wirkt hoch. Viel weiter weg als am Tag. Es ist still. Nur ein paar Menschen lachen irgendwo. Von fern bellt ein Hund. Elsa staunt.

»Das da oben«, erklärt der Vater, »das ist der Große Wagen.
Siehst du das Stern-Viereck? Und die drei Sterne vorne als
Deichsel. Siehst du sie?«
Na klar sieht Elsa den Großen Wagen. Und auch den
Polarstern. Und was der Vater sonst noch erklärt. Aber *ein*
Stern gefällt ihr besonders gut. Der leuchtet mal stärker,
mal schwächer. Er blinzelt. Elsa hat das Gefühl, er blinzelt
ihr zu.
»Auf dem Stern da oben sitzt Gott«, sagt sie plötzlich. »Auf
dem, der so zwinkert. Siehst du den?«
Aber der Vater interessiert sich für Elsas Stern nicht
besonders.
»Gott sitzt nicht auf einem Stern«, sagt er nur.
»Wieso nicht?« will Elsa wissen.
»Weil Gott kein Mensch ist, der sich irgendwo hinsetzen
muss. Und schon gar nicht auf einen Stern.«
Aber das sieht Elsa nicht ein. »Gott kann doch alles«, sagt
sie. »Oder nicht?«
»Ja, schon.« Der Vater zögert ein bisschen. Er weiß nicht so
recht, worauf Elsa hinauswill. »Ja, im Prinzip kann er alles.«
»Na also«, sagt Elsa, und sie triumphiert: »Wenn Gott alles
kann, dann kann er sich auch so winzig klein machen, dass er
auf einen Stern passt. Also auch auf den Blinzelstern da oben.
Und warum soll er da jetzt nicht sitzen? Wenn Gott alles
kann, kann er das auch.«
Der Vater kann darauf nicht mehr viel sagen und schweigt. So
weit weg stellt Elsa sich Gott vor? Auf einem Stern?
Als Elsa ins Bett huscht, kommt der Vater noch kurz in ihr
Zimmer. Er will mit ihr reden: »Du hast doch gesagt, dass
Gott sich klein machen kann«, sagt er.
Elsa zögert. Jetzt weiß sie nicht, worauf er hinauswill.

»Ja, kann er.« Elsa nickt mit dem Kopf.

»Na also«, sagt diesmal der Vater. »Dann kann er sich auch so winzig klein machen, dass er hier neben dich passt und ganz nah bei dir ist.«

Elsa schaut den Vater an, schaut im Zimmer herum. »Wo soll Gott denn sein?«, sagt sie. »Vielleicht unter dem Bett? Hinter dem Vorhang? Im Schrank?« Und Elsa lacht und lacht. Sie ist müde.

»Nein«, sagt der Vater. »Gott ist kein Mensch. Der versteckt sich nicht hinter dem Sofa. Und er sitzt auch nicht neben dir, so wie jetzt ich. Aber ich glaube trotzdem, dass Gott ganz nah bei uns ist. Mehr so wie die Luft. Die siehst du ja auch nicht. Und sie ist trotzdem da. Rings um uns.«

So, so, wie Luft soll Gott sein. Meint der Vater das ernst? Elsa schaut ihn groß an. »Vater unser im *Himmel*, beten wir doch«, sagt sie. »Verstehst du? Im *Himmel*!«

»Aber damit«, sagt der Vater, »ist doch nicht der *Wolken*-Himmel gemeint. Und auch nicht der *Sternen*-Himmel. Sondern der *Gottes*-Himmel. Und der kann überall sein. In uns, und um uns, ganz nah und ganz fern.«

»Also auch auf meinem Blinzelstern«, sagt Elsa müde.

»Wenn du meinst...«, sagt der Vater. Er streicht Elsa übers Haar. »Behüte dich Gott. Und schlaf gut.«

Dann löscht er das Licht.

Peter Morgenroth

Was macht
Gott
den ganzen Tag?

Geht Gott auch einkaufen?

Kurze Inhaltsangabe:

Geht Gott einkaufen? Mäht er seinen Rasen, genau wie Herr Müller? Was macht er den ganzen Tag?

Tim ist unzufrieden, weil kein Erwachsener ihm eine Antwort auf seine brennendste Frage geben kann: Was tut Gott den ganzen Tag? Erst eine Braut, die er vor einer Kirche fragt, kann ihm helfen: Gott erreicht, dass die Menschen sich lieben. Tim bleibt skeptisch, weil er sich z.B. mit seinem Bruder immer streitet. Auf dem Weg nach Hause hilft er einer Frau ihre Einkäufe zu tragen. Sie ist ihm sehr dankbar und sagt, dass er vom Himmel geschickt worden sei. Endlich ist Tim zufrieden: Er weiß jetzt, dass Gott wichtigere Dinge zu tun hat, als nur zu frühstücken und seinen Rasen zu pflegen.

Auch diese Themen sind enthalten:

Beziehung Erwachsene/Kinder – Neugier – Hilfsbereitschaft, …

Als Tim eines Morgens aufgestanden war und mit seinen Eltern und dem großen Bruder beim Frühstück saß, legte er plötzlich sein Brötchen auf den Teller und sagte: » Papa, darf ich dich was fragen? «

» Hm «, machte Papa, schaute aber nicht hinter der Zeitung hervor. Jeden Samstag hielt er sich beim Frühstück die Zeitung vor die Nase und Tim wusste, dass man ihn dabei eigentlich nicht stören durfte.

» Papa «, fragte Tim leise, » frühstückt der liebe Gott jetzt auch? «

Die Zeitung wanderte ein Stück zur Seite und Papas Gesicht
tauchte auf.
»Fällt dir nichts Besseres ein?«, brummte der Vater unlustig
und war wieder hinter der Zeitung verschwunden.
»Gott frühstückt nicht, du Esel!«, sagte Tims großer Bruder
mit vollem Mund.
»Aber was macht er denn den ganzen Tag da oben im Him-
mel? Das muss doch langweilig sein.«
Mama sagte: »Geh hinauf, Tim, und räume dein Zimmer auf.
Ich muss einkaufen gehen.«
»Geht Gott auch einkaufen?«, fragte Tim, »schließlich muss
er doch eine Menge Engel versorgen.«
Papa meinte: »Was hat der Junge heute nur, er ist doch sonst
ganz vernünftig.« Damit ließ die Familie Tim am Tisch sitzen.
Jeder hatte irgendetwas zu tun.
»Ich werde es herausfinden«, murmelte Tim trotzig und fest
entschlossen stand er auf. Er räumte Teller und Tassen weg,
zog seine Jacke an, rief laut, dass er jetzt hinausgehe und
schon war die Türe hinter ihm ins Schloss gefallen. Er lief an
den Gärten seiner Straße entlang bis zu den Müllers. Herr
Müller mähte gerade den Rasen und schwitzte sehr dabei.
»Guten Morgen«, rief Tim, »darf ich Sie was fragen?«
Herr Müller fuhr mit dem Rasenmäher an den Zaun heran,
um besser zu hören.
»Herr Müller, können Sie mir sagen, was Gott den ganzen Tag
im Himmel macht?«
Herr Müller fing an, laut zu lachen.
»Keine Ahnung, Tim, bestimmt muss er nicht den Rasen mä-
hen.« Damit ging er wieder an seine Arbeit. Tim merkte, dass
Gott dem Herrn Müller ziemlich egal war. Beim Bäcker fand
Tim, dass er jetzt unbedingt ein paar Lakritzstangen brauchte.

Er kaufte sie vom letzten Taschengeld und als die Bäckersfrau
ihn anlächelte, fragte Tim: »Können Sie mir sagen, was Gott
den ganzen Tag im Himmel macht?« Die Bäckersfrau hörte
auf zu lächeln und sah ratlos in seine großen, ernsten Augen.
Dann griff sie in ein Glas, holte einen roten Himbeerlutscher
heraus und sagte: »Schenke ich dir, tschüss!«
Tim ging und draußen stellte er fest: »Die haben alle keine
Ahnung von Gott. Die wissen überhaupt nichts.« In diesem
Augenblick begannen die Glocken der nahen Kirche zu
läuten.
>Natürlich<, dachte Tim, >dass ich da nicht gleich drauf-
gekommen bin. In der Kirche werden sie es wissen, das ist
ja Gottes Haus.<
Er rannte los. Aus der   Kirche strömten viele festlich
gekleidete Menschen   und umringten ein Hochzeitspaar. Die Braut sah so   schön aus, dass Tim kurz vergaß, was er vorhatte. Er   stand mit offenem Mund, sah
den weißen Schleier über den schwarzen Locken und das
glückliche Gesicht, als sie ihren frisch angetrauten Ehemann
anlachte.
>Ich könnte sie fragen, schließlich kommt sie aus der
Kirche<, dachte Tim. Er ging näher heran, noch näher, bis
die Braut ihn schließlich entdeckte.
»Kennen wir uns?«, fragte sie und beugte sich zu ihm hinunter.
»Nein«, flüsterte Tim, »aber wissen Sie vielleicht, was Gott
den ganzen Tag im Himmel macht?«
Die Braut lachte ihn fröhlich an. Er spürte sofort, dass das ein
anderes Lachen war als das von Herrn Müller.
»Ja, ich weiß es«, sagte sie und nahm dabei die Hand ihres
Mannes: »Gott schafft es, dass die Menschen sich lieben.«

»Danke«, sagte Tim und wurde von den Hochzeitsgästen abgedrängt. Er bummelte weiter durch die Kastanienallee, setzte sich auf eine Bank und baumelte mit den Beinen. »Gott macht, dass die Menschen sich lieben«, murmelte er halblaut. »Ist das leicht oder schwer? Es muss schwer sein, weil sich doch so viele Menschen streiten. Erst gestern hat mein Bruder mir die Legoburg zerstört und ich habe ihn vor Wut ans Schienbein getreten. Aber bei dem Hochzeitspaar war es für Gott sicher leicht gewesen, weil die Braut so schön ist.« Tim vergaß auf der Bank unter dem Kastanienbaum beim Nachdenken völlig die Zeit. Da hörte er die Kirchturmuhr, er zählte mit, sie schlug elfmal. Ein bisschen Zeit hatte er noch, denn um zwölf Uhr wollte die ganze Familie ins Hallenbad fahren.

Er bummelte weiter bis zur Post. Dort beobachtete er eine Frau. Sie hatte ein schweres Paket abgeholt und versuchte, es auf dem Fahrrad festzumachen. Auf dem Gepäckträger klemmte aber schon ein voll gepackter Korb und am Lenker hingen rechts und links Einkaufstüten. Es kam, wie es kommen musste, die Frau konnte das Rad nicht mehr halten, es kippte um und krachte auf den Boden. Sie hätte vier Hände gebraucht.

Die Frau stieß einen kleinen Schrei aus. Tim sah rote Erdbeeren über den Gehsteig rollen. Eine weiße Pfütze breitete sich aus, darin lagen Mehl, Gurken, Schokolade und überhaupt alles, was die Frau eingekauft hatte.

Tim lief hin und sagte: »Ich helfe Ihnen«, und fing an, die Erdbeeren einzusammeln. »Junge, dich schickt der Himmel!«, rief die Frau, »ich habe es eilig, weil daheim mein kleines Baby alleine schläft; und wenn es aufwacht, muss ich da sein.«

Tim trug die Scherben der Milchflasche zum Papierkorb an der Post, während die Frau versuchte, alles wieder aufzuladen. Aber mit dem Paket klappte es einfach nicht. Tim nahm es und es war wirklich schwer.

Er fragte: »Wo wohnen Sie denn?«

»Gar nicht weit«, sagte sie und darauf Tim: »Dann trage ich das Paket«, und die Frau noch mal: »Junge, dich schickt der Himmel!«

Alles ging gut. Tim bekam eine Tafel Schokolade geschenkt und machte sich auf den Heimweg. »Dich schickt der Himmel«, hatte die Frau gesagt und »Gott macht, dass die Menschen sich lieben« hatte er von der Braut gehört. Ein kleines glückliches Gefühl breitete sich in Tim aus.

»Wo bleibst du denn!«, empfing ihn sein Vater und sein großer Bruder fragte spöttisch: »Na, weißt du jetzt, ob der liebe Gott frühstückt?«

»Quatsch!«, antwortete Tim, »der hat Wichtigeres zu tun.«

»Was denn?«, wollte sein Bruder wissen.

»Gott macht, dass die Menschen sich lieben.«

Der große Bruder sah den kleinen an und in seinen Augen war kein Spott mehr, eher ein Staunen. Tim lächelte, holte die Schokoladentafel aus seiner Jacke und sagte zu seinem Bruder: » Du kannst die Hälfte haben.«

Maleen Hartung

Herzlichen Glückwunsch

Kurze Inhaltsangabe:
Jans Mutter hat Geburtstag und er weiß einfach nicht, was er ihr schenken soll. Sein letztes Geld hat er für Süßigkeiten ausgegeben und sein großer Bruder Tobi hat so tolle Seife gekauft – worüber würde sie sich nur freuen? Jan hat eine Idee: Er malt seiner Mutter einen Urlaubstag. Als er das Geschenk überreicht, macht sich Tobi wegen der Rechtschreibfehler in Jans Geburtstagsgruß über ihn lustig. Ihre Mutter aber freut sich sehr, weil sie weiß, mit wie viel Liebe Jan das Bild gemalt hat. Genau wie Gott versucht sie, in die Herzen der Menschen zu sehen.

Auch diese Themen sind enthalten:
Mutterliebe – Geschwisterkampf – Geburtstag – Geschenke, …

»Was schenkst du Mama zum Geburtstag?«, fragt Tobi seinen jüngeren Bruder.
»Ich weiß es noch nicht«, antwortet Jan.
»Dann lass dir was einfallen. Bis morgen ist nicht mehr viel Zeit«, meint Tobi. Jan nickt und seufzt. Sein Taschengeld ist aufgebraucht. In der letzten Schulpause hatte er sich Süßigkeiten gekauft. Jan stellt sich neben seinen Bruder und schaut ihm zu, wie er drei Stücke Seife einpackt. Sie sehen aus wie Rosen. Und sie duften wunderbar. Jan atmet tief ein. Darüber wird sich Mama bestimmt freuen.
>Was kann ich nur Mama schenken?<, denkt Jan. Er überlegt und überlegt. Dann hat er eine Idee: >Ich male einen Urlaubstag für Mama.<

Jan läuft in sein Zimmer, holt Papier und Buntstifte aus der
Schublade und setzt sich an seinen Schreibtisch. Er
malt ein Haus mit Balkon und davor eine große Wiese
mit vielen bunten Blumen. Mama und Papa sitzen
auf Gartenstühlen und Tobi und Jan spielen Fußball.
Dann malt er noch ein rotes Herz und schreibt darunter
>hertzliche klückwunsch<.
Jan betrachtet lange sein Bild. >Es ist schön<, denkt er. Ob
Mama sich darüber auch freut wie über die Rosenseife von
Tobi? Er versteckt sein Geschenk im Schrank, damit Mama es
nicht findet.
Am anderen Morgen ist Jan ganz aufgeregt. Er beeilt sich im
Badezimmer, damit er vor der Schule noch sein Geschenk
überreichen kann. Als er in die Küche kommt, ist der Früh-
stückstisch hübsch gedeckt. Eine Kerze leuchtet. Tobi und
Mama frühstücken schon. Tobis wunderbar duftende Seife
liegt ausgepackt neben Mamas Platz.
»Herzlichen Glückwunsch zum Geburtstag«, sagt Jan und gibt
Mama einen Kuss. Mama nimmt ihn in die Arme.
»Danke, mein Schatz.« Dann holt Jan sein Geschenk. Mama
schaut es sich in Ruhe an und lächelt. Tobi stellt sich neben sie
und guckt auch auf das Bild. Dann lacht er: »Jan hat es falsch ge-
schrieben! Herzlich mit t und ohne n und Glückwunsch mit k. Drei
Fehler hat er gemacht. Ich denke, du hast schreiben gelernt.«
Jan ist erschrocken. Er schämt sich. Drei Fehler hat er ge-
macht? Mama schaut abwechselnd Jan und Tobi an. Sie sagt:
»Gott sieht in das Herz eines Menschen. Und das versuche ich
auch. Das Bild ist wunderschön, Jan.«
Dann hält sie Tobi das Bild hin und sagt: »Probier du auch
einmal mit Gottes Augen zu sehen.«

Tobi ist ganz still geworden. Er betrachtet die lachende Sonne,

die Wiese mit den bunten Blumen, Mama und Papa in den bequemen Stühlen und Tobi und Jan mit dem Fußball. Dann nickt er und meint: »Das Bild ist sehr schön.«
Jan strahlt.
»Herzlichen Dank für eure beiden wunderschönen Geschenke«, sagt Mama und nimmt abwechselnd Tobi und Jan in ihre Arme.
»Aber jetzt geht ihr zur Schule. Macht es gut bis heute Nachmittag. Dann feiern wir mit unseren Gästen.«
Tobi und Jan stürmen die Treppe hinunter und laufen zur Bushaltestelle.

Klaudia Busch-Wermeyer

Der kleine Otter

Kurze Inhaltsangabe:
Niklas liebt die Geschichten vom kleinen Otter und am liebsten würde er alle seine Abenteuer selbst auch erleben. In der letzten Geschichte, die ihm seine Mutter vorgelesen hat, fährt der Otter im Winter einen Abhang hinab, direkt in das von einem Vogel gehackte Loch eines zugefrorenen Sees. Am nächsten Tag macht sich Niklas alleine mit seinem Schlitten auf den Weg, um den Spaß selber auszuprobieren. Seine Mutter kann ihn noch rechtzeitig einholen. Erst ist Niklas wütend, doch er begreift schnell, dass seine Mutter sehr besorgt war und sie und Gott immer auf ihn aufpassen werden.

Auch diese Themen sind enthalten:
Elternliebe – Schutz – Geborgenheit – Fiktion/Realität – Besorgnis, …

Niklas hat ein Lieblingsbuch. Es heißt »Der kleine Otter«. Jeden Abend liest Mama ihm eine Seite daraus vor. Es ist spannend, was der kleine Otter alles erlebt. Einmal war der See zugefroren. Die Möwe, sein Freund, hackte mit seinem Schnabel ein Loch in das Eis und der kleine Otter sauste mit seinem Schlitten den Abhang hinunter bis zum Loch. Das machte Spaß. Er plumpste ins Wasser und fing einen Fisch.
Am anderen Morgen, als Niklas aufsteht, schneit es. Zum richtigen Schlittenfahren reicht es nicht. Aber Niklas denkt, wenn ich durch den Wald gehe bis zum Weiher, dann kann ich auch den Abhang hinunterrutschen, denn der See ist

schon zugefroren. Das macht Spaß. Ich mache es so wie der Otter.

Er zieht ganz leise seine Stiefel, Jacke und Mütze an, holt den Schlitten aus dem Schuppen und geht zum ersten Mal alleine los. Er kennt den Weg, denn Niklas war schon öfter mit seinem Vater am Weiher. Er muss den Hügel hinauf bis zum Wald, dann rechts abbiegen und immer geradeaus. Seine Fußspuren und die beiden Streifen von den Schlittenkufen sind im Schnee zu erkennen. Niklas ist müde, aber er geht Schritt für Schritt immer weiter. Jetzt kann er den Weiher von weitem sehen.

»Niklas! Niklas!«, ruft eine ihm bekannte Stimme. Niklas dreht sich um. Weit entfernt kommt Mama. Sie zieht einen Schlitten. Darauf sitzt Lisa, seine kleine Schwester.

»Niklas, komm sofort zurück!«

»Nein!«, ruft Niklas und geht weiter. Gleich ist er da. Dann kann er sich auf seinen Schlitten setzen und – hui – den Abhang heruntersausen, bis mitten auf den See. Er lässt sich nicht aufhalten.

»Niklas, bleib sofort stehen!«, schreit seine Mutter und läuft. Dann lässt sie den Schlitten mit Lisa stehen und rennt, so schnell sie kann. Gleich hat sie Niklas erreicht. Sie packt ihn an seiner Jacke und hält ihn fest.

»Lass mich los«, ruft Niklas wütend. »Ich will Schlitten fahren.«

»Wir gehen jetzt sofort nach Hause«, sagt Mama und lässt ihn nicht mehr los. »Du kannst hier nicht Schlitten fahren, so ganz alleine.«

»Ich will aber!«

»Nein!«, entgegnet Mama energisch. »Wir gehen jetzt nach Hause.«

Abends ist Niklas immer noch wütend. Er will nichts essen. Als er im Bett liegt, setzt sich Mama zu ihm.

»Heute lese ich dir keine Geschichte vom kleinen Otter vor«, sagt sie. »Ich habe heute große Angst gehabt, als du weg warst. Ich glaube, Gott hat mir gesagt, dass etwas nicht stimmt. Erst habe ich dich im Haus gesucht und nicht gefunden. Dann entdeckte ich deine Fußspuren im Schnee und bin ihnen nachgegangen.«

Niklas sagt nichts. Er starrt an die Decke und schmollt. Er wollte doch nur wie der kleine Otter auf das Eis. Und Mama hat ihn daran gehindert.

»Glaub mir, es war sehr gefährlich, was du heute machen wolltest. Du bist kein kleiner Otter. Du kannst noch gar nicht schwimmen. Wenn du in dem kalten Wasser bist, saugt sich deine Jacke voll Wasser, wird ganz schwer und zieht dich in die Tiefe. Erwachsene müssen erst prüfen, ob das Eis dick genug ist und trägt.«

Es ist ganz still im Zimmer.

Dann sagt Mama: »Gott hat dich heute vor einem Unglück bewahrt. Und darüber bin ich sehr froh.«

Niklas schaut seine Mutter mit großen Augen an. Richtig verstanden hat er das nicht. Aber er spürt, dass Mama auf ihn aufpasst und dass noch jemand auf ihn achtet.

Klaus Busch-Wermeyer

Gott liebt Kinder

Kurze Inhaltsangabe:

Celina ist neu im Kindergarten und hat noch keine Freunde gefunden. Die Kinder ärgern sie, weil Celina mit ihrer dunklen Hautfarbe so anders aussieht. Am nächsten Tag hängt ein Poster im Kindergarten, das Jesus umringt von Kindern aller Nationalitäten und Hautfarben zeigt. Die Kinder erkennen, dass sie alle verschieden sind und Gott keine Unterschiede macht, sondern jeden Menschen so liebt, wie er ist.

Auch diese Themen sind enthalten:

Fremdenhass – Akzeptanz – Ausgeschlossenheit – Einsicht – Gemeinschaft, ...

An einem Vormittag geht es auf dem großen Kindergartenspielplatz wieder recht munter zu. Einige Kinder schaukeln, andere spielen Fangen oder kullern übermütig den Spielberg hinab. Nur Célina spielt nicht mit. Sie ist neu hier und hat noch keine Freundin gefunden. Sie fährt mit dem Dreirad in die äußerste Ecke des Geländes. Von dort aus beobachtet sie sehnsüchtig das muntere Spielvergnügen der großen Kindergartenschar. Ach, wie gerne würde sie mittoben, aber sie traut sich nicht. Célina bleibt nicht lange alleine. Plötzlich tauchen hinter den Sträuchern mehrere größere Kindergartenkinder auf. Sie sehen gar nicht wie fröhliche Spielgefährten aus. Célina bekommt Angst. Sie will fortlaufen, doch es geht nicht. Die Kinder umzingeln sie und versperren ihr den Weg. Einer streckt ihr die Zunge raus. Ein anderer ruft: »Igitt, du stinkst!« Der Nächste lacht böse: »Guckt mal, die wäscht sich nicht, die ist schon ganz braun vor Dreck!« Der größte Junge zieht aus seiner Hosentasche eine Bastelschere. Er hat sie vorher vom Basteltisch genommen. Er zeigt sie Célina und zischt: »Damit schneide ich dir die Haare ab.« Célinas Herz pocht. Sie spürt es bis in den Kopf hinein. Sie will schreien, doch es geht nicht. Die Angst schnürt ihr die Kehle zu, sie bekommt keinen Ton heraus.

In diesem Moment werden die Kinder zum Schlusskreis gerufen. Aus allen Richtungen eilen sie herbei. Auch die »Torben-Bande« dreht sich um und läuft davon. Doch bevor Torben fortläuft, gibt er Célina noch einen heftigen Schubs. Célina fällt rückwärts auf den Rasen. Sie bleibt liegen, hält ihre Hände schützend vor das Gesicht und weint. »Ich will nach Hause! Mama, bitte, bitte, hol mich hier ab!«

Die anderen Kinder umringen die Erzieherinnen. Sie alle versuchen die Hand einer Erzieherin zu erhaschen. Bevor Frau Heidrich, die Kindergartenleiterin, das Abschlusslied anstimmt, schaut sie sich suchend um. »Wo ist Célina? Wer hat sie gesehen?«

»Sie ist mit dem Dreirad nach hinten gefahren«, ruft Lalenya und zeigt zum »kleinen Wäldchen«. »Ich laufe schnell hin und hole sie!« Kaum ausgesprochen, flitzt sie auch schon los. Nach einem kurzen Moment kommt sie mit Célina hinter den Sträuchern hervor. Mit der einen Hand hält sie Célina, mit der anderen schiebt sie das Dreirad. Zwei Erzieherinnen laufen den beiden entgegen.

Die eine hilft Lalenya und die andere kümmert sich um Céli-na. Sie hockt sich vor Célina und fragt liebevoll nach ihrem Kummer. Célina jammert: »Meine Haare nicht abschnei-

den!« Zur Verstärkung ihrer Worte umfasst sie mit beiden

Händen ihre Haare. Die Erzieherin streichelt Célina behutsam und versichert ihr, dass ihr niemand die schönen Haare
abschneidet. Etwas getröstet geht Célina mit zum Schlusskreis. Die Hand der Erzieherin bietet ihr Schutz. Die
behält sie bis zum Abholen fest umklammert. Das
Abschiedslied klingt an diesem Tag nicht so fröhlich
wie sonst. Und die Frage, wer Célina solche Angst
eingejagt hat, kann auch nicht mehr geklärt werden,
denn die Eltern warten schon etwas ungeduldig auf ihre
Kinder.
Am folgenden Tag »begrüßt« ein großes Poster die Kinder.
Es hängt für alle sichtbar an der Wand in der Eingangshalle.
Die Kinder bleiben stehen und schauen es sich an. Das Bild
zeigt Jesus, der von vielen Kindern umringt wird. Die älteren
Kindergartenkinder kennen das Poster schon und die Geschichte, von der das Bild erzählt. Sie bleiben lange davor
stehen, schauen intensiv und unterhalten sich.
Nach der Frühstückszeit versammeln sich alle zum großen
Stuhlkreis vor dem Poster. Mit dem Lied »Jesus hat die Kinder
lieb« begrüßen sich alle gegenseitig. Danach liest Jutta, eine
Erzieherin, die biblische Geschichte von Jesus und den Kindern vor. Im anschließenden Gespräch meint Lalenya: »Ja
und Jesus hat auch Célina lieb. Ich habe sie auch lieb!« Jutta
lächelt Lalenya freundlich zu. »Und warum ist Célina heute
nicht bei uns?«, fragt sie und schaut in die Runde. Torben
schaut schuldvoll auf den Boden und seine »Kumpels« schie-
len zu ihm hin. »Weil wir nicht mit ihr spielen«, sagt Aileen
fast flüsternd. »Warum spielt ihr nicht mit ihr?« Bjarne zieht
die Schultern hoch und sagt: » Weiß nicht.« »Weil sie so
anders aussieht als wir«, sagt Luisa etwas verschämt.
»Schaut euch doch bitte alle einmal gegenseitig an. Was fällt

euch auf?«, fragt Jutta. Die Kinder schauen in die Runde.
Dann wird es lebhaft. Alle rufen durcheinander:

»Mario hat eine Brille!«

»Julia hat ganz viele Sommersprossen!«

»Mona lacht immerzu und dann sehe ich ihre Grübchen!«

»Jan ist pummelig!«

»Liane hat ein rundes Gesicht!«

»Lalenya hat braune Augen und lange Haare!«

»Torben hat große Ohren!«

»Mirco hat immer struppige Haare!«

»Ich denke, das reicht. Und was heißt das jetzt? Was ist euch
dabei aufgefallen?«, fragt Jutta. »Dass wir alle verschieden
aussehen«, antwortet Luisa.

»Genau, Luisa. Guckt euch jetzt noch einmal das Bild von
Jesus und den Kindern an.«

»Die sehen auch alle anders aus«, stellt Lalenya fest.

»Ja, fällt euch noch etwas auf?«

»Jesus guckt so freundlich«, sagt Jan.

»Kein Kind hat vor Jesus Angst«, meint Mona.

»Es braucht ja auch keiner Angst zu haben, Jesus tut den Kindern doch nichts«, ruft Lalenya. »Er hat sie doch alle lieb,
egal wie sie aussehen!«

»Kann mir jemand von euch sagen, warum Célina sich immer
in die äußerste Ecke unseres Spielplatzes verkriecht und dort
alleine spielt?«, fragt Jutta.

»Weil sie uns noch nicht kennt«, ruft Luisa.

»Oder weil sie Angst hat«, meint Kilian.

»Wieso Angst?«, will Jutta wissen. Und plötzlich beschuldi-
gen sich die Bandenmitglieder gegenseitig. Wirklich böse sein
möchte niemand. »Morgen entschuldige ich mich bei ihr«,
verspricht Torben.

» Machst du das ehrlich? «, fragt Kilian sichtlich erstaunt.
» Ehrlich! «, versichert Torben.
» Dann machen wir das auch «, versprechen die anderen.
» Hoffentlich traut sie sich morgen überhaupt noch zu uns in den Kindergarten «, meint Jutta.
» Wenn sie kommt, dann spielen wir mit ihr «, rufen einige. Jutta nickt und lächelt den Kindern freundlich zu. » Darüber freue ich mich! Wir wollen Gott bitten, dass er uns bei unseren Bemühungen hilft: » Guter Gott, wir waren zu Célina nicht nett, wir haben sie sogar verletzt. Jetzt ist sie traurig und hat Angst vor uns. Bitte hilf uns, dass Célina auch unsere Spielfreundin wird. Amen. «
Nach dem Gebet schlägt Lena vor, das Lied mit den vielen Farben zu singen. » Ja, tolle Idee «, sagt Jutta. Laut und fröhlich klingt es durch den Raum:

Schwarze, Weiße, Rote, Gelbe, Gott hat sie alle lieb.
Schwarze, Weiße, Rote, Gelbe, Gott hat sie lieb.
Gott macht keine Unterschiede. Gott hat uns alle lieb.
Gott ist Liebe, Gott gibt Frieden. Gott hat uns lieb.

Ilse Jüntschke

Leb wohl, kleiner Freund

Kurze Inhaltsangabe:

In ihrem Garten findet Inka einen kleinen verletzten Vogel und nimmt sich vor, ihn wieder gesund zu pflegen. Sie gibt ihm Wasser und macht ihm ein weiches Bett in einem Schuhkarton. Als der Vogel eines Morgens wieder zwitschert, ist Inka sehr glücklich und zugleich traurig, weil sie sich nun von ihrem kleinen Freund verabschieden muss. Schweren Herzens lässt sie ihn mit der Gewissheit fliegen, dass der Vogel in Freiheit glücklicher sein wird.

Auch diese Themen sind enthalten:

Gottvertrauen – Abschied – Verantwortung – Tierliebe – Mitleid – Freiheit, …

Inka sitzt auf der Terrasse und malt für ihre Mutter zum Geburtstag ein Überraschungsbild. Da hört sie ein jämmerliches Piepsen. Sie springt auf und rennt über den Rasen. Dort liegt ein Vogel im Gras. Inka kniet nieder und betrachtet voll Mitleid das kleine Tier. Zart berührt sie sein Gefieder. Dabei spürt sie seine Wärme. »Gott sei Dank, er lebt noch!« Für eine kurze Gedankenpause ist sie ratlos. »Wie kann ich ihm am besten helfen?« Behutsam hebt sie den kleinen Vogel hoch und trägt ihn ins Haus. Im Badezimmer legt sie ihn vorsichtig auf ein Handtuch. Dabei sieht sie, dass der Vogel einen Flügel hängen lässt. ›Ob der wohl gebrochen ist? Ich baue ihm ein weiches Bett. Vielleicht wird er ja wieder gesund.‹ Sie holt schnell einen leeren Schuhkarton und füllt den Boden mit weicher Watte. Darauf bettet sie den verletzten Vogel.

Inka überhört das Heimkommen ihrer Mutter. Als diese die
Badezimmertür öffnet, ruft sie erleichtert: »Mama, endlich
bist du da! Komm, schau dir den kleinen Vogel an.«
»Wo hast du den denn her?«
»Er lag hilflos auf dem Rasen.«
»Ist er aus dem Nest gefallen?«
»Nein, das glaube ich nicht. Ich hörte sein ängstliches Piep-
sen. Eine Katze hat ihn wohl verletzt. Als ich kam, lief sie
davon.«
»Es sieht aus, als ob er schläft«, sagt Mutter tröstend.
»Bitte, lieber Gott, lass ihn nicht sterben«, betet Inka leise.
Es war nur wie ein Flüstern in ihrem Kopf. »Mama, hast du es
auch gesehen? Er zittert etwas.« Die Mutter nimmt Inka in
den Arm. »Vielleicht war er vor Schreck ohnmächtig«, meint
Mutter. »Ich denke, jetzt braucht er etwas Ruhe. Wir sollten
hinausgehen und später wieder nach ihm sehen!«
Inka nickt, doch sie kann sich nur schwer von ihrem Schützling
trennen. Zögernd verlässt sie mit ihrer Mutter das Badezimmer.
Doch lange hält Inka es nicht aus. Bald kehrt sie zurück. Reg-
los hockt sie vor dem Schuhkarton, sie will nichts verpassen.
Da sieht sie, wie sich der Brustkorb des kleinen Vogels bewegt. Sie möchte am liebsten laut aufschreien, aber sie bleibt
mucksmäuschenstill. Auf Zehenspitzen geht sie zu ihrer Mutter. »Mama, komm schnell, er bewegt sich!« Auch Mutter
strahlt, als sie im Körper des kleinen Vogels Leben bemerkt.
»Mama, ob er jetzt wohl Durst hat?«
»Vielleicht«, antwortet die Mutter. Inka füllt einen Marme-
ladenglasdeckel mit Wasser und stellt ihn leise zum Vogel in
den Karton. Als würde er Inkas Gegenwart spüren, zwinkert er
mit seinen kleinen, schwarzen Augen und sieht sie an.
»Ich habe dir Wasser gebracht«, flüstert Inka zärtlich. Mit

ihrem Zeigefinger streichelt sie sanft über den Kopf des Vogels. Es scheint ihn zu beruhigen, denn er wehrt sich nicht. Er
spürt wohl, dass von Inka keine Gefahr ausgeht. Dann benetzt
sie das kleine Köpfchen des Vogels mit Wasser. Das muss ihm
gut tun, denn er öffnet seinen Schnabel.

Mit viel Geduld pflegt Inka den kleinen Vogel. Nach einiger
Zeit kann er seinen verletzten Flügel wieder bewegen. Eines
Morgens wird Inka schon früh geweckt. »Träume ich oder bin
ich schon wach? Hat da nicht gerade etwas gezwitschert?« Mit
einem Satz springt sie aus dem Bett und läuft ins Badezimmer.
Da sitzt doch tatsächlich ihr kleiner Freund auf der Gardinen-
stange und begrüßt den neuen Tag. Auch Inkas Mutter muss
ihn gehört haben. Freudestrahlend stellt sie sich neben ihre
Tochter.

»Ich habe ihn gerettet«, flüstert Inka stolz. Mutter lächelt ihrer Tochter zu.

»Und jetzt will er bestimmt hinaus. Wir sollten ihn fliegen
lassen!«

»Muss das sein?«, jammert Inka.

»Schenk ihm die Freiheit, er will sicher zurück zu seiner
Familie und seinen Freunden!«

Inka atmet schwer. »Mama, ich glaube, du hast Recht.
Weißt du, ich habe Gott gebeten, dass er den Vogel beschützt.
Und ich glaube, Gott freut sich auch, wenn dieser kleine Vogel
zusammen mit den anderen Vögeln wieder fröhlich ist.«

Die Mutter nickt Inka liebevoll zu. Schweren Herzens öffnet
Inka die Fensterflügel. Frische Morgenluft strömt in den
Raum. Der Vogel hat sich in der Zwischenzeit auf dem Bade-
wannenrand niedergelassen. Er hält sein Köpfchen schief und
lauscht, denn draußen im Garten singen die Vögel ihr Mor-
genlied. Nun flattert er auf und fliegt bis zum Fensterbrett.

Dort hüpft er unruhig hin und her, so, als sei er noch unent-
schlossen. Doch dann breitet er seine Flügel weit auseinander
und fliegt davon.

» Pass gut auf dich auf! «, ruft Inka mit tränenerstickter
Stimme ihrem kleinen Freund zu. Mutter und Tochter stehen
noch eine Weile am Fenster und schauen dem Vogel
hinterher.

Ilse Jüntschke

Elsas Eiersammelmaschine

Kurze Inhaltsangabe:

Wenn Elsa in den nahe gelegenen Kuhstall geschickt wird, um Milch bei der Bäuerin Kathi zu holen, freut sie sich sehr. Sie liebt den Stall und seine Düfte, Wärme und Geborgenheit. Doch Elsa sieht, dass Kathi oft Schmerzen hat, wenn sie die Kuh melkt oder die Eier der Hühner aufsammelt. Sie macht den Vorschlag eine Eiersammelmaschine zu erfinden, damit sich Kathi nicht mehr zu bücken braucht. Kathi ist gerührt, aber sie beruhigt Elsa und sagt ihr, dass sie sich keine Sorgen zu machen braucht, weil Gott für sie sorgt.

Auch diese Themen sind enthalten:

Gottvertrauen – Natur – Besorgnis – Generationsunterschied, …

Manchmal soll Elsa Milch holen und zwar direkt aus dem Kuhstall drei Straßen weiter. Das macht sie gern. Weil der Stall so geheimnisvoll ist. Warm und dampfig. Voll Leben. Und auch, weil sie die alte Bäuerin Kathi mag. Die hat so lustige Augen. Und starke Arme! Und ganz weiße Haare unter dem Kopftuch.

»Heute musst du noch warten«, sagt Kathi. »Ich muss erst melken!« Sie nimmt einen Hocker und setzt sich darauf, halb unter die Kuh. Greift zum Euter. Wischt die Zitzen ab. Und drückt und zieht daran. Ein dünner Milchstrahl spritzt heraus. Zuerst auf den Boden. Dann in den Milcheimer, den sich Kathi zwischen die Beine geklemmt hat. Links, rechts, links, rechts. Immer abwechselnd zieht sie. Das sieht so leicht

aus. Aber Melken strengt an. Immer wieder wischt sich die
Bäuerin mit dem Ärmel über die Stirn. Sechs-, siebenmal, bis
der Eimer voll ist. Kathi stöhnt, als sie ihn wegträgt.
»So schwer!«, sagt sie.
»Und warum lässt du dir keine Milchleitung bauen?« Elsa hat
eine prima Idee. Eine Leitung vom Stall in die Küche. »Wäre
doch praktisch«, meint Elsa. »Direkt in den Kühlschrank.
Dann müsstest du keinen Milcheimer tragen!«
Kathi lacht nur und geht zu den Legekästen der Hühner.
Das sind kleine Kästchen an der Stallwand. Und in jedem
Kästchen ein Nest.
»So eine Milchleitung wäre schon praktisch«, sagt Kathi. Sie
reckt sich und tastet Nest für Nest ab, schaut nach, ob ein Ei
darin liegt. Auch das macht ihr Mühe. Ihr Rücken ist alt.
»Praktisch schon. Aber ich kann mir ja nicht mal eine Melk-
maschine leisten.« sagt sie. Ein Ei nach dem andern sammelt
sie in ihre Schürze.
»Und warum baust du dir keine Eierholmaschine?« Elsa hat
schon die nächste Idee. »Du könntest doch unter jedes Nest
einen Trichter bauen. Und wenn ein Huhn ein Ei legt, dann
fällt es in den Trichter und von da rutscht es durch einen
Schlauch. Und dann in einen Korb.« Elsa fände das toll!
»Dann könntest du die Eier ganz bequem aus dem Korb her-
ausnehmen und du müsstest dich nicht mehr so strecken!«
Eine Eierholmaschine! Kathi ist nicht sehr begeistert von
dieser Erfindung.
»Du machst dir ja mächtig viel Sorgen um meinen Stall!«,
meint sie nur, als sie das letzte Ei eingesammelt hat.
»Nein. Um dich mach ich mir Sorgen«, sagt Elsa leise.
»Um mich?« Kathi macht die Stallarbeit weiter. Sie mistet
aus.

Schaufelt den Kuhmist in eine Schubkarre und fährt ihn hinaus.

Es ist ja so schön in dem Stall! Manchmal grunzt ein Schwein vor sich hin und quetscht seine rosa Schnauze zwischen den Stallbrettern durch. Kathis einzige Kuh kaut vor sich hin. Schwalben schwirren hin und her und segeln zu ihren Nestern unter dem Dach. Elsa ist glücklich.

Eine Eierholmaschine wäre gut. Und wie wäre es mit einer Kloleitung? Direkt von den Kühen zum Misthaufen! Dann hätte es Kathi auch mit dem Ausmisten leichter.

»Du machst dir Sorgen um mich!«, sagt Kathi. Sie setzt sich mit Elsa auf die Bank vor dem Stall. »Ich mach mir keine! Schau doch die Vögel an unter dem Himmel, die Schwalben im Stall. Die säen nicht, die ernten nicht, die mühen sich nicht ab. Und sie leben doch. Sie haben genug. Unser himmlischer Vater nährt sie. Und ich bin doch wohl mehr als ein Vogel. Für mich sorgt er auch. Was soll ich mich sorgen!«

Kathi hält Elsa die Hand hin. Sie hat ganz dicke Adern. »Schau, ich bin alt. Und ich habe Schmerzen. Jeder Schritt tut mir weh. Aber soll ich mich deswegen sorgen? Die Tiere im Stall sorgen sich nicht. Die Blumen auf der Wiese sorgen sich nicht. Und sie sind schöner, als ein Mensch es sich ausdenken kann. Wenn Gott für die Blumen gesorgt hat, wird er das auch für mich tun. Ich glaube, er weiß, was ich brauche. Er weiß es genau. Und jetzt, Elsa, nimmst du deine Milchkanne und gehst heim. Es wird schon gleich dunkel. Und mach dir keine Sorgen um mich.«

Peter Morgenroth

Eine überraschende Begegnung

Kurze Inhaltsangabe:

Als Anne und ihre Mutter einen Nachmittag mit den Fahrrädern am Rhein entlangfahren, geraten sie in eine große Schafherde. Anne ist fasziniert von dem Schäfer, der mit den Schafen zu reden scheint und trotz ihrer großen Zahl alle zusammenhält. Am Abend erinnert sich Anne an ein Bild, dass bei ihrer Oma zu Hause hängt. Es zeigt eine Schafherde mit ihrem Hirten und darunter steht der Satz: »Gott ist mein Hirte.« Sie erkennt, dass sich die Schafe bei ihrem Hirten geborgen und geschützt fühlen, so wie die Menschen bei Gott, und ihm deshalb vertrauen.

Auch diese Themen sind enthalten:

Gottvertrauen – Geborgenheit – Schutz – Sicherheit, …

Es ging nicht mehr weiter! Anne musste von ihrem Fahrrad absteigen. Die riesige Schafherde hatte sie schon von weitem gesehen. Sie kam immer näher, geradewegs auf sie zu. Sie hielt sich an ihrem Fahrrad fest. Ein bisschen Angst bekam sie doch. Sie spürte, wie ihr Herz pochte.

Auf einmal war Anne von unzähligen Schafen umgeben. Von großen und ganz kleinen. Und sogar einige schwarze waren darunter.

»Habe keine Angst. Bleib einfach ruhig stehen«, sprach Mama beruhigend auf sie ein. Sie stand dicht hinter ihr. »Es wird nichts passieren. Sieh einfach zu, wie die Herde weiterzieht.«

»Wie viele das sind!«, flüsterte Anne und sah ihre Mutter

ein wenig ängstlich an. Am Rand entdeckte sie einen
großen schwarzen Hund. Als ein kleines Schaf zu weit an
die breite Strasse herankam, stupste er es kräftig zurück zur
Herde. Ganz hinten folgte ein groß gewachsener Mann den
Schafen. Er trug einen langen, braunen Umhang und hatte
einen langen Stab in der Hand. Ganz ruhig ging er im
Tempo der Schafe. Inmitten des Stimmengewirrs der
Schafe, das sich wie ein gleichmäßiges Brummen anhörte,
schien der Mann immer wieder kurze Rufe an seine Tiere
zu richten.
»Komisch«, wunderte sich Anne. »Es ist fast so, als würde er
mit ihnen reden.«
Am Abend dachte Anne noch lange über ihre überraschende
Begegnung an den Rheinwiesen nach. Sie musste an das große
alte Bild in Omas Wohnzimmer denken. Ein Schäfer inmitten
seiner Schafherde war da zu sehen. Und darunter stand ein
Satz aus der Bibel in einer ganz alten Schrift. Oma musste ihn
vorlesen: »Gott ist mein Hirte«.
»Na, hast du dich von deinem Schrecken erholt?«, erkundig-
te sich Mama beim Abendessen.
»So schlimm war es gar nicht«, erwiderte Anne. »Aber was
ich mich frage, wie kann der Schäfer in diesem Gewirr den
Überblick behalten? So, dass am Abend kein Tier fehlt?«
»Ich glaube, das liegt daran, dass er seine Schafe kennt. Ihre
Gewohnheiten, ihr Tempo. Und die Schafe erkennen ihn am
Tonfall seiner Stimme. Und sein Hund hilft ihm, dass alle
beieinander bleiben«, erklärte Mama.
»Dann fühlen sich die Schafe bei ihm zu Hause«, stellte Anne
beeindruckt fest. »So wie auf Omas Bild.«
»Du meinst die alte Kohlezeichnung«, antwortete Mama zu-
stimmend. »Sie hängt da, seit ich denken kann. Mich hat sie

immer daran erinnert, dass wir Menschen das genauso brauchen: Geborgenheit und Schutz zu finden. «

Anne kuschelte sich ganz dicht bei Mama an.

»So wie ich bei dir«, strahlte sie.

»Ja«, lächelte Mama und drückte sie ganz fest an sich. »Und wir alle bei Gott. «

Eckhard Langner

Wie sieht
Gott aus?

Gottes Bild hat viele Farben

Kurze Inhaltsangabe:

Johanna und ihr kleiner Bruder Philip nehmen gemeinsam an den Kinderbibeltagen ihrer Kirche teil. Mit der Pfarrerin sehen sich die Kinder ein großes Fensterbild in der Kirche an, das sie beschreiben sollen. Es sind so
viele verschiedene Dinge und Menschen abgebildet, dass alle wild durcheinander reden. Die Pfarrerin erklärt, dass beim Bau der Kirche entschie-
den wurde, auf dem Fenster die unterschiedlichen Zugänge darzustellen,
wie die Menschen Gott erfahren. Der Künstler will, dass die Menschen die
Vielfältigkeit Gottes dadurch erkennen.

Auch diese Themen sind enthalten:

Gemeinschaft – Kinderbibeltage – Vielfältigkeit Gottes – Gemeinde, …

Johanna ist schon das dritte Mal dabei, ihr Bruder Phillip
das erste Mal. Über dreißig Kinder sind im Gemeindehaus
zusammengekommen, mit ihnen auch einige Mütter und
Väter. Alle sitzen im großen Kreis, es gibt kleine Brötchen
und Saft. Pfarrerin Dahm erklärt, was an den beiden
kommenden Tagen alles passieren wird: »In diesem Jahr
wollen wir an unseren Kinderbibeltagen über Gott nachdenken. Wir werden Geschichten hören, die davon erzählen, wie Menschen Gott erfahren haben. Wir werden
spielen und singen. Wir werden zusammen ein großes Bild
malen. Aber zuerst werden wir jetzt gleich ein großes Bild
sehen.«

Die Kinder sind ganz gespannt, als sie schon kurze Zeit danach aufbrechen und vom Gemeindehaus zur Kirche gehen. Es ist ein moderner Bau, erst vor zehn Jahren in der neuen Siedlung gebaut. Johanna und Phillip sind bereits in dieser Kirche getauft und Johanna war hier schon ein paarmal zum Kindergottesdienst. Auch bei ihrer Einschulung gab es einen Gottesdienst. Philipp geht hin und wieder mit seiner Kindergartengruppe in die Kirche, zuletzt war es an Erntedank. Da haben sie viele bunte Früchte auf einen Tisch gestellt und ein Danklied gesungen, das Phillip noch heute kann: »Du hast uns unser Leben und noch so viel gegeben, wir danken dir dafür.«

Heute gehen die Kinder mit Pfarrerin Dahm nicht in den Altarraum, sondern an die rechte Seite. Dort ist ein großes Glasfenster, das vom Boden bis zur Decke hoch aufragt. Wenn man sehen will, was oben ist, muss man den Kopf ganz in den Nacken legen. Von oben bis unten durchziehen bunte Farben das Glaslicht: Rot und Gelb, Blau und Grün, Orange und Violett – der ganze Regenbogen scheint seine Farben an das Fenster abgegeben zu haben. Oben an der rechten Seite ist sogar ein bunter Regenbogen zu sehen.

Johanna hat schon oft zu diesem Fenster hingeschaut. Wenn es ihr im Gottesdienst einmal zu langweilig wird, braucht sie nur dorthin zu sehen. Die bunten, klaren Farben sind schön und immer gibt es etwas Neues im Fensterbild zu entdecken: dort blaues Wasser, das einen kleinen Wasserfall hinabschießt, da ein Hirte mit einigen Schafen und einem kleinen Hund. Es ist ein schönes Fenster, besonders wenn morgens die Sonne durch das Glas fällt und der Kirchenraum wie mit bunten Farben durchflutet wird.

Auch jetzt scheint die Sonne durch das große Fenster. Die Kinder setzen sich auf kleine Polster im Kreis und lassen ihre Augen über die bunten Farben des Glases wandern.

»Schaut euch diese Fenster einmal genau an«, beginnt Pfarrerin Dahm. »Was ihr seht, passt gut zu unserem Thema Gott. Deshalb fangen wir unsere Kinderbibeltage hier an. Ihr könnt auf dem Fenster ganz viele Dinge entdecken. Sagt doch einmal, was ihr seht.«

Die Kinder reden durcheinander, so viel haben sie zu diesem Bild zu sagen. Philipp zeigt auf die Sonne ganz oben im Bild, die jetzt wie Gold leuchtet. Und Johanna gefällt ein Haus aus großen Steinen gut, das muss sie unbedingt sagen.

Frau Dahm lacht und meint: »Ihr redet ja genauso wie der Wasserfall auf dem Bild. Ich kann euch gar nicht alle verstehen. Also besser mal der Reihe nach. Fangt mal ganz oben im Bild an.«

Oben ist links die Sonne und rechts ein heller, leuchtender Stern. Und Niko entdeckt noch etwas anderes – eine dunkle Wolke unter dem Stern. Sie sieht mit ihren grauen und schwarzen Farben bedrohlich aus. Aus ihr fallen an den Seiten des Bildes ein paar Regentropfen bis hinunter in den Wasserfall. Darunter aber ist der Regenbogen mit seinem leuchtenden Rot und Orange, Gelb und Grün, Blau und Violett zu sehen. Die kleine Jackie zeigt auf die linke Seite des Bildes. Dort ist eine Mutter zu sehen mit ihrem Baby. Und daneben bückt sich ein Gärtner hinunter zu kleinen Pflanzen. Und neben dem Gärtner steht der Hirte mit den Schafen und dem schönen, braunen Hund.

Immer mehr entdecken die Kinder: ein Brot auf einem Holzbrett, einen Krug mit Wasser, eine Rose in voller Blüte, ein paar Noten und daneben Musikinstrumente, ein großer fester Fels, eine Hand, die von der Seite her ins Bild ragt, die beiden Hände eines Töpfers, der auf der Töpferscheibe einen Krug aus hellem Lehm formt, ein dunkler Schatten an der Seite des

Fensters, eine Kerze, eine Decke, in die sich ein Kind geku-
schelt hatte, ein hell aufloderndes Feuer ...

Zwischen allem und danach will Johanna immer schon
fragen, ist ein großes Fragezeichen in blaugrauer Farbe. Es
scheint gar nicht zu den anderen Dingen im Bild zu passen.
Aber es muss dem Künstler wichtig gewesen sein, denn er hat
das Fragezeichen nicht an den Rand, sondern in die Mitte
gesetzt.

Als die Kinder endlich alles aufgezählt haben, fährt
Frau Dahm fort: »Dieses Bild hat eine ganz besondere Geschichte. Als nämlich diese Kirche gebaut wurde, haben sich die Frauen und Männer unserer Gemeinde
gefragt: Was soll auf diesem großen Fenster alles zu sehen
sein? Es kamen viele Vorschläge. Man könnte eine Geschichte
von Jesus auswählen und als Fensterbild gestalten. Oder eine
andere biblische Geschichte, vielleicht von Abraham, von
Mose oder von David. Doch dann kam einer auf die Idee:
>Vielleicht sollten wir malen lassen, was alle Menschen in der
Bibel miteinander verbindet – ihr Glaube an Gott, der für die
Menschen da ist. Wir sollten malen lassen, wie Menschen
Gott erfahren haben und auch heute noch erfahren. Wenn die
Leute zum Gottesdienst in unsere Gemeinde kommen, können sie darüber nachdenken. Vielleicht hilft ihnen das, zu
Gott zu beten. Schnell waren alle einverstanden und schon
bald war ein Künstler ausgewählt, der schon viele Glasfenster
für Kirchen gestaltet hatte. Doch dieser Künstler kam sehr
nachdenklich zu uns in einer Besprechung: >Ihr müsst mir
helfen<, sagte er. >Ihr müsst mir erzählen, wie ihr Gott erfahren habt. Wie ihr euch Gott vorstellt. Was ihr von Gott wisst
und glaubt. Dann erst kann ich euer Bild auf Glas malen.<
An einem Abend kamen viele im Gemeindehaus zusammen.

Sie erzählten und machten Vorschläge. Einige malten auch kleine Bilder und gaben sie dem Künstler: >So musst du Gott malen. Nur natürlich besser, als wir das können.<

Einige Tage später malte auch eine Schulklasse, ein viertes Schuljahr, wie sie sich Gott vorstellten. Und all das hat der Künstler in dieses Bild aufgenommen.«

Die Kinder sind eine Zeit lang ganz still. Immer wieder schauen sie sich Teile des Bildes an.

Dann beginnt eine Mutter mit einem Satz: »Gott ist wie ein Gärtner, der dafür sorgt, dass alles gut leben und wachsen kann.«

Eine andere Mutter sagt: »Gott ist wie eine gute Hand, die mich hält und stützt.«

Und Johanna sagt: »Gott ist wie ein Hirte, der für seine Schafe sorgt. Dazu haben wir im Kindergarten einmal ein Lied gelernt: Mein Hirt ist Gott, der Herr ...«

Den anderen Kindern fällt jetzt auch etwas ein: »Gott ist wie die Sonne, die ganz hell scheint.«

»Gott ist wie Brot, das wir zum Leben brauchen.«

»Gott ist wie eine Mutter, die für ihr Kind sorgt.«

»Gott ist wie ein Stern am Himmel.«

»Gott ist wie Wasser. Ohne Wasser ist kein Leben möglich.«

»Gott ist wie ein lustiges Lied. Wenn wir an ihn denken, werden wir froh.«

Immer neue Ideen kommen zusammen. Doch dann ist es auf einmal wieder still.

Nur Johanna sagt nach einiger Zeit in die Stille hinein: »Aber etwas verstehe ich nicht. Was soll denn das Fragezeichen? Und was die dunkle Wolke und der Schatten am Rand? Ist damit auch Gott gemeint?«

Frau Dahm beginnt recht langsam: »Ich glaube schon, Johan-

na. Denn manchmal erfahren wir Gott auch wie eine dunkle
Wolke. Wenn jemand krank ist zum Beispiel, und es wird und
wird nicht besser, und er betet immer wieder und hat doch so
viel Schmerzen. Vielleicht ist für einen solchen Menschen
Gott manchmal wie ein dunkler Schatten und nicht wie ein
helles Licht. Oder wenn es Streit und Krieg gibt, wenn Menschen sich hassen und in ihrem Hass auch nichts von Gott
wissen wollen, dann wird Gott für sie ganz dunkel. Oder denke an letztes Jahr, als der kleine Matthias unter das Auto gekommen ist. Da haben sich manche gedacht, dass Gott wie
eine dunkle Wolke sein muss, wenn er das zugelassen hat. «
Johanna nickt: »Ich glaube, ich verstehe jetzt auch das
Fragezeichen. Menschen fragen nach Gott, aber sie wissen
nicht immer eine Antwort.«
»Das hast du gut gesagt«, Frau Dahm sieht Johanna freundlich an. »Menschen fragen nach Gott, aber sie wissen nicht
immer eine Antwort. Und deshalb ist es gut, wenn man
darüber spricht und sich austauscht, wie wir uns Gott vorstellen können. Das hat der Künstler mit diesem Bild getan. Und
das tun wir heute und morgen auch. Kommt, wir gehen wieder
rüber ins Gemeindehaus.«

Hermann-Josef Frisch

1.000 Euro für den lieben Gott

Kurze Inhaltsangabe:

Julika ist enttäuscht: Sie würde wirklich gerne wissen, wie Gott aussieht und ob ihn irgend jemand schon einmal zu Gesicht bekommen hat. Ihr Großvater, mit dem sie Urlaub in einem alten Landhaus macht, erklärt ihr, dass man Gott selbst in der Kirche nicht sehen kann.

Doch Julika entdeckt ein Bild, versteckt hinter einem Schrank, in den sie sich manchmal zurückzieht. Ein paar Tage später kommen Angestellte von einem Museum zu ihrem Großvater, um ein Bild Friedrich des Großen, das sich im Haus befinden soll, zu suchen. 1.000 Euro Finderlohn ist es wert. Aber Julika weiß es besser: Es ist ein Bild von Gott, das sie gefunden hat, und das ist mit keinem Geld der Welt zu bezahlen.

Auch diese Themen sind enthalten:

Gottvertrauen – Zurückgezogenheit – Geheimnis – Geschichtsbewusstsein, …

»Gott ist immer bei dir, aber sehen kannst du ihn nicht«, hatte Großvater gesagt, als er sie zum ersten Mal in die Kirche mitgenommen hatte. »Aber an ihn denken, das können wir in der Kirche.« Julika war enttäuscht; sie hatte gedacht: In der Kirche sehe ich ihn, den Gott. Der wohnt doch in der Kirche.

Natürlich: Die kleine Kirche mitten im Havelland gefiel Julika – alles war hier alt, die Wände bemalt, die alten Bänke aus dunklem Holz geschnitzt. Wahrscheinlich war hier alles etwas eng für den lieben Gott. Man sah ihn wirklich nicht.

»Aber ein Bild von ihm kannst du mir zeigen, Großpapa?«
Großvater schüttelte den Kopf.
»Ich habe dir doch gesagt, dass man ihn nicht sehen kann,
auch nicht malen, wirklich nicht!«
»Aber früher hat man ihn doch gemalt?«, fragte Julika
weiter.
Großvater schüttelte wieder den Kopf. Hatte er überhaupt
zugehört?
In diesem Jahr verbringt Julika die Ferien mit Großvater in
einem uralten Landhaus. Die Mauern sind noch fest; fast ist
es ein Schloss mit einem kleinen Turm auf dem Dach. Nur
innen ist alles vergammelt. Tapeten mit Blumengirlanden
sind halb abgerissen, von den Decken fällt Putz, die meisten
Türen gehen nicht mehr richtig zu. Nur ganz unten sind zwei
Zimmer neu gemacht. Da wohnen Großvater und Julika für
drei Wochen. Großvater zeichnet Pläne an einem riesengroßen Arbeitstisch, Großvater ist Architekt. Er sagt den vielen
Männern, was sie zu tun haben: den Maurern, Schreinern,
Elektrikern, Malern und Bodenlegern. Treppauf, treppab geht
es – und niemand kümmert sich um Julika.
Dass Julika ganz oben unter dem Dach eine Kammer entdeckt
hat, merkt keiner. Eine Kammer, deren Tür eigentlich zuge-
schlossen ist. Die Tür steht aber so schief, dass Julika sie nur
mit aller Kraft heben und dann öffnen kann, gerade weit
genug, um hineinschlüpfen zu können. Durch eine Dachluke
fällt Licht in den kleinen Raum – so viel Licht, dass man sieht,
wie voll es hier ist. »Knallvoll« würde Großpapa dies nennen.
Aber er weiß ja nichts davon. Er glaubt, Julika spiele im Hof
und er merkt nicht, dass sie jeden Tag hier oben verschwin-
det, alte Stühle zur Seite schiebt, auf eine Kommode klettert
und versucht, den großen Schrank zur Seite zu rücken. Sicher

gibt es da hinten, zwischen Schrank und Wand, noch mehr zu entdecken. Aber der Schrank ist schwer, Julika zu schwach ... Oft setzt sich Julika in den leeren Schrank, wie in ein Häuschen. Sie denkt einfach nach, hört von weitem die Schritte der Schreiner, Elektriker und Maler auf der Treppe. Im Schrank bleibt sie mäuschenstill.

Doch plötzlich knackt und knarrt es laut. Julika fährt zusammen. Ein Brett der Rückwand des Holzschranks! Sie hat ihre Beine dagegengestemmt, ist hin und hergerutscht, hat mit dem ganzen Körper geschaukelt. Und dann löst sich das Brett, kippt um, fällt mit einem Knall zur Seite. Ein hohes Loch ist entstanden – oder einfach ein Fenster, hinaus in diesen geheimnisvollen Raum zwischen Schrank und Wand. Erst jetzt stößt Julika einen kleinen Schrei aus. Denn da blicken zwei gestrenge, aber auch etwas traurige Augen sie an. Der Herr vor ihr hat merkwürdig nach oben gerollte, weiße Haare, darüber einen schmalen Hut, auf seiner Jacke, von der man nur einen Teil sieht, einen großen Stern mit goldenem Rand. Der Stern glänzt in einem kleinen Lichtstrahl, der durch die Dachluke fällt.

Hat Julika nicht schon als ganz kleines Kind gewusst: Der Sternenhimmel ist Gottes Kleid? Und Gott, denkt sie, der wohnt doch im Himmel hinter den Sternen, meistens wohnt er dort. Fast immer ist er unsichtbar. Doch immer, wenn die Menschen ihn brauchen, ist er da. Nein, natürlich ist er jetzt nicht da, nicht wirklich hinter dem Schrank. Julikas Schreck ist nicht mehr so groß. Sie braucht den lieben Gott ja nicht, nicht jetzt. Es ist doch nur sein Bild, ein gemaltes Bild hinter dem Schrank. Irgendjemand, der Gott wirklich gesehen hat, hat ihn eben doch gemalt, vor langer Zeit. Vielleicht, bevor das uralte Landhaus gebaut wurde.

»Ich wusste doch, dass man ihn früher sehen konnte. Aber auch Großväter wissen nicht alles! Jetzt habe ich sein Bild gefunden!« Und zum Spaß fragt Julika den gemalten Gott: »Warum lachst du denn nicht?«

Vorsichtig streicht sie mit ihrem Zeigefinger über die Ölfarbe. Glatt ist sie, doch winzige Sprünge, die sich rau anfühlen, gehen durchs ganze Bild. Und wie Julika dann noch genauer, seitlich, durch das Loch im Schrank späht, sieht sie, dass der Rahmen des Bildes golden glänzt, verziert, nur an wenigen Stellen abgebröckelt. Gold: Das passt doch zu Gott. Gold – daran merkt man, dass er kein gewöhnlicher Mensch ist.

Das Brett setzt Julika wieder in die Rückwand des Schranks. Wie lange ist sie heute hier oben geblieben? Keine Handwerker sind zu hören. Aber unten, vom Hof her, hört sie Großpapas laute, singende Stimme: »Julika!«

Leise und schnell wie eine Katze saust sie die lange, von Bauschutt bedeckte Treppe ganz nach unten, aus dem Haus, durch die Hintertür, um die Hausecke. Langsam geht sie auf Großvater zu, als wäre sie immer draußen gewesen.

Am nächsten Morgen sitzen wieder die zwei Männer – Großvater nennt sie »Herren« –, die schon letzte Woche hier waren, in Großvaters Arbeitsraum. Ernst und ein bisschen laut reden sie auf ihn ein.

»Haben Sie wirklich kein Bild gefunden? Vor dem Umbau hing es in diesem Haus. Ja, in der großen Halle. Es gehört jetzt in die Staatsgalerie, ein Prunkstück!«

»Das Haus ist leer, meine Herren, ich weiß es sicher, ganz leer von unten bis oben.« Julika schaut aus dem Fenster, aber sie spitzt die Ohren, während die Herren vom Museum fortfahren: »Es ist das wichtigste Porträt Friedrichs des Großen, wirklich alt, ja, wir meinen Friedrich den Zweiten, den preußischen König. Das Bild muss irgendwo hier sein. Alles, alles, auch der ganze Müll, der aus dem Haus getragen wurde, bevor die Bauarbeiten begannen, ist untersucht worden. Nichts!«

»Es ist ein hoher Finderlohn vom Museum bestimmt worden. 1.000 Euro! Herr Albers, dürfen wir selbst im Dachstock suchen?«

Schon stolpern die vornehmen Herren – ihre schwarzen Schuhe werden staubig – nach oben. Julika zittert, aber sie schleicht wie eine Katze hinter ihnen her. Großvater folgt langsam.

»Nichts, nichts da oben«, lacht er.

Doch die Herren finden Julikas Kammer, die volle kleine Kammer. Sie haben die alte schiefe Tür mit einem Ruck geöffnet und staunen über die Kommoden, Stühle, den Schrank. Den Schrank? Julika drückt sich an den Männern vorbei, öffnet den Schrank, stellt sich hinein, vor das lockere Brett. Sie ist sehr mutig geworden und sagt deutlich: »Hier ist ein Versteck. Nur ich kenne es. Hier ist auch ein Bild, ein altes Bild. Das Bild vom lieben Gott, den man nicht sehen kann. Aber ein Maler hat ihn vor langer Zeit eben doch gesehen und gemalt.«

Die Herren schauen sich an. Großvater blickt in Julikas Gesicht. Er staunt über die Kammer, die er nie aufgemacht hat. Er staunt über sein Enkelkind, während Julika das lockere Brett weghebt und stolz auf das Bild hinter dem Schrank zeigt.

Dass das Bild kurze Zeit später im Museum hängt, ist bekannt. Dass es Friedrich der Große ist, weiß man, wenn man die kleine Schrifttafel darunter liest.

Und Julika? Sie weiß auch Bescheid, sie weiß es anders. »Ihr

habt keine Ahnung!«, sagt sie. Und: »Für den lieben Gott will
ich keinen Finderlohn. 1.000 Euro! Jetzt weiß ich, wie er aussieht, auch wenn man ihn nicht sehen kann. Er ist bei mir,
wenn ich ihn brauche.«

Regine Schindler

Das Versprechen des Herrn Davideit

Kurze Inhaltsangabe:
Die Kinder der Klasse 2 a sind schon ganz aufgeregt: Heute wollen sie den Maler und Kinderbuchillustrator Herrn Davideit besuchen. In seinem großen Haus gibt es viele lustige Dinge zu entdecken, wie z. B. die Klingel, die kräht wie ein Hahn. Am fasziniertesten sind die Kinder jedoch von einem großen Kreuz, an dem Jesus hängt, dem beide Arme fehlen. Herr Davideit erzählt, wie er das Bild nach dem Krieg aus einer zerstörten Kirche gerettet hat. Seitdem sieht er den armlosen Gekreuzigten als Anlass dafür, Jesus seine eigenen Hände zu leihen, um anderen Menschen etwas Gutes zu tun und sie zum Lachen zu bringen.

Auch diese Themen sind enthalten:
Krieg – Freude verbreiten – Zusammenhalt – Glaube an Gott, …

Freitags hatte die Klasse 2a immer Kunst bei Frau Schuhmann. An diesem Freitag hatten sie etwas Besonderes vor. Sie wollten Herrn Davideit besuchen. Herr Davideit war Maler und illustrierte Kinderbücher. Frau Schuhmann kannte ihn gut und hatte ihn gefragt, ob er den Kindern sein Atelier zeigen und ihnen von seiner Arbeit erzählen könnte. Das wollte er gern tun. Die meisten Kinder kannten zumindest eines seiner Bücher. Sie mochten seine fröhlichen Bilder sehr. Heute also sollten sie den berühmten Maler »in Echt« kennen lernen.

Nach der großen Pause machten sie sich auf den Weg. In Zweierreihen marschierten sie lachend und schwatzend hinter Frau Schuhmann her. Der Maler Davideit wohnte etwas außerhalb des Dorfes in einem blau gestrichenen Holzhaus, das von einem großen Garten umgeben war. Alle Kinder kannten das Haus und den witzigen Briefkasten davor. Der sah aus wie ein freundliches Känguruh. Briefe und Päckchen steckte der Postbote einfach in den Beutel des Känguruhs. Jeder, der vorbeikam, musste schmunzeln.

Jetzt standen die Kinder vor dem Gartentor. Frau Schuhmann drückte auf den Klingelknopf und unmittelbar darauf hörte man drinnen im Haus einen Hahn krähen. »Häh? Is'n das?«, fragte Daniel. »Mach noch mal.« Wieder drückte die Lehrerin auf die Klingel und wieder krähte unüberhörbar der Hahn. »Ist ja genial!«, rief Lukas und streckte seinerseits die Hand nach der Klingel aus. Doch da ging schon die Haustür auf und der Maler Davideit trat auf die Schwelle.

Er war ein kleiner Mann. Er trug eine ausgebeulte Jeans und ein buntes Hemd. Sein weißes Haar kringelte sich in zahllosen kleinen Löckchen um sein Gesicht. Seine dunklen Augen waren von vielen Fältchen umgeben. Jetzt blitzten sie freudig auf, als er die Kinder erblickte und ihnen zurief: »Kommt rein, die Tür ist offen!«

Sie gingen nacheinander den Gartenweg hoch durch eine Blumenwiese, auf der unzählige wilde Margeriten blühten, und betraten dann ein wenig schüchtern das Haus. Sie standen in einem großen, sehr hellen Raum. Durch seine hohen Fenster konnte man in den Garten schauen. Neugierig sahen sich die Kinder um. Überall an den Wänden standen Leinwände, einige erst weiß grundiert und auch bereits fertige Bilder. Auf einer Staffelei stand ein Bild, auf dem man erst ein paar farbige Flächen sah. In einem Regal neben dem Waschbecken stapelten sich Bücher und Zeitschriften. Pinsel, Stifte, Farbtuben und Farbtöpfe standen herum. Die Stühle und der große Arbeitstisch waren mit bunten Farbspritzern bekleckert. Nur eine schmale Wand am Eingang war ganz weiß. An dieser Wand hing ein großes, mannshohes Kreuz. Seltsam wirkte es inmitten des bunten Künstlerateliers, aber nicht fremd oder störend, sondern eher wie ein Ruheplatz.

Herr Davideit begrüßte die Kinder und sagte, dass er sich freue, ihnen von seiner Arbeit erzählen zu können, und fragte, was sie denn gern wissen wollten. Da meldete sich Jakob, zeigte auf das Kreuz und fragte: »Warum hast du hier ein Kreuz hängen? Und wieso hat der Jesus da keine Arme?«

»Ach, weißt du«, erwiderte Herr Davideit, »das ist eine lange Geschichte und hat auch ein kleines bisschen mit meiner Malerei zu tun.«

»Erzähl!«, riefen die Kinder, und schon saßen sie vor dem Kreuz auf dem Boden und schauten ihn erwartungsvoll an. Der Maler schaute kurz zu Frau Schuhmann hinüber. Als sie zustimmend nickte, sagte er: »Na gut«, setzte sich zu den Kindern und fing an zu erzählen:

»Wisst ihr, in meiner Familie gab und gibt es viele Künstler. Mein Vater war Maler wie ich, meine Mutter Tänzerin und mein Großvater war Bildhauer. Am liebsten schnitzte er Holzfiguren. Dieses Kreuz hat er gemacht. Er schnitzte es für eine Kirche in meiner Heimatstadt. Damals hatte Jesus an dem Kreuz noch beide Arme. Aber dann kam der Krieg, der zweite Weltkrieg. Bomben fielen auf unsere Stadt. Die ganze Stadt brannte. Die meisten Häuser und Kirchen wurden zerstört, auch die Kirche, in der das Kreuz meines Großvaters hing. Damals war ich noch ein Junge. Gerade vierzehn Jahre war ich alt. Als der Krieg zu Ende war, machten wir uns daran, den Schutt und die Trümmer zu beseitigen. Ich war zu den Räumarbeiten in unserer Kirche eingeteilt. – Und da habe ich das

Kreuz gefunden, verschüttet unter einem Berg von Trümmern. Beide Arme waren ihm im Bombenhagel abgerissen
worden und ein Bombensplitter ist ihm sogar ins Herz ge-
drungen. Da, seht ihr?« Er deutete auf ein scharfkantiges
Loch in der Brust des Gekreuzigten.» Ihr könnt den Splitter
noch sehen. Der Fund des zerstörten Kreuzes hatte mich so
betroffen gemacht, dass ich weinend davor zusammenbrach.
Es erschien mir wie ein Bild   für all das große Leid,
das wir erlebt hatten. Damals   beschloss ich, dieses
Kreuz zu hüten wie einen   Schatz. So nahm ich es
auf meine Schultern und trug es   zu unserer Wohnung, das
heißt, zu unserem Kellerraum,   der damals unsere
Wohnung war, denn auch unser Haus war zerbombt worden.
Später konnte ich das Kreuz der Gemeinde abkaufen, und so
kommt es, dass dieses besondere Kreuz heute bei mir im
Atelier hängt.«
Der Maler hörte auf zu reden und Stille trat ein. Die Kinder
waren so ergriffen von der Geschichte, dass sie nichts zu
sagen wagten, bis eine leise Mädchenstimme in die Stille
klang. Es war Miriam.» Es ist irgendwie so, als ob die
Menschen Jesus im Krieg noch einmal getötet hätten.«
Herr Davideit nickte.» Aber guck doch mal!«, rief Lara.
» Er ist gar nicht tot! Er lebt! Er hat die Augen offen und
schaut uns an.«
» Genau«, sagte Alex.» Er hängt auch nicht so verdreht am
Kreuz wie bei uns in der Kirche. Er steht davor, so als ob ihm
das alles nichts mehr anhaben könnte. Er trägt auch keine
Dornenkrone, sondern eine Königskrone.«
Herr Davideit nickte wieder:» Ja, so ist es wohl. Das hat mir
damals auch wieder Hoffnung gegeben. Jesus ist nicht tot.
Er hat den Tod besiegt. Er ist Sieger und König. Er lebt.

Er braucht nur neue Arme und Hände.«

»Und warum hast du ihm keine neuen Arme und Hände geschnitzt?«, fragte Bastian.

»Ich wollte ihm richtige Hände geben – meine Hände«, sagte der Maler. Als Bastian ihn verständnislos anblickte, erklärte er: »Wisst ihr, ich gehe nicht oft in die Kirche. Aber damals habe ich Gott versprochen, so zu leben, dass Jesus sagen würde: So ist es in Ordnung, mein Alter. Genauso würde ich es auch machen. – Es gelingt mir längst nicht immer. Aber ich versuche, etwas dafür zu tun, dass sich die Menschen in meiner Umgebung wohl fühlen, dass sie eine Freude im Herzen spüren, wenn sie meine Bilder betrachten oder mich besuchen – und wenn es auch nur meine Klingel ist, die sie lächeln lässt.«

»Du möchtest Jesus also deine Hände leihen, indem du etwas an seiner Stelle tust?«, meinte Miriam.

»Ganz genau«, bestätigte der Maler. Alex meldete sich wieder zu Wort: »Also, ich würde sagen, je mehr Hände, desto besser, oder? Wir können ja alle Jesus unsere Hände leihen – oder wenigstens eine«, fügte er dann vorsichtig hinzu.

An diesem Tag sprachen sie nicht mehr über die Malerei von Herrn Davideit. Dafür wollten sie lieber ein anderes Mal wiederkommen.

Übrigens, dieses besondere Kreuz gibt es wirklich. Ihr könnt es heute noch in der St.-Ludgeri-Kirche in Münster sehen.

Annegret Pietron-Menges

GOTT kommt

Kurze Inhaltsangabe:

Über Nacht ist etwas Merkwürdiges in der Stadt passiert: Überall hängen Plakate mit der Aufschrift: GOTT kommt. Ein alter Mann, der wie ein Clown verkleidet ist, stellt sich als GOTT vor und lädt die Menschen in seinen »Zirkus GOTT« ein. In dem geheimnisvollen Zirkuszelt sehen die Menschen in Spiegeln ihr eigenes Leben an sich vorüberziehen. Es stimmt sie traurig und glücklich zugleich: Sie sehen die schönen Augenblicke ihres Lebens, die nun vorbei sind, aber gleichzeitig fühlen sie sich leicht und befreit, weil sie von Gott eingeladen werden.

Auch diese Themen sind enthalten:

Gott spüren – sich auf fremde Dinge einlassen – Erinnerung an die Kindheit – Dankbarkeit, ...

Über Nacht hatte es geschneit. Jetzt lag eine dünne weiße Decke auf den Dächern der Häuser und auf den Straßen. Der Tag, der kaum begonnen hatte, war trüb und würde es bis zum Abend bleiben. Nur die blauen Plakate brachten etwas Farbe in die Stadt. Sie leuchteten schon von weitem und zogen die Aufmerksamkeit auf sich.

Irgendjemand hatte diese Plakate während der Nacht an die Mauern und Zäune geklebt. Mit großen weißen Buchstaben verkündeten sie: GOTT kommt. Kein weiteres Wort stand da, keine Erklärung. Nur: GOTT kommt.

Ratlos versammelten sich die Leute vor den Plakaten. »Wer ist GOTT?« fragten sie und schüttelten den Kopf. Niemand wusste es.

Warum machte er Werbung für sich oder war er bloß ein Wichtigtuer?

»Das ist keiner von uns«, sagte der Bürgermeister und die Umstehenden nickten. Schließlich kannten sich hier alle. Der Bürgermeister verzog das Gesicht. »Wer weiß, vielleicht steigt GOTT aus dem Himmel herab und besucht uns«, meinte er. Es klang verlegen. Deshalb lachte er ein wenig.

»Das ist nicht zum Lachen, hier will uns jemand ärgern«, fuhr ihn ein vornehm gekleideter Herr an. Er trug eine Aktentasche und seine Augen hinter der Brille funkelten. »Die Plakate sind ein grober Unfug, der bestraft gehört.« Während sie noch miteinander stritten und sich wunderten, bog plötzlich ein großes, blaues Auto in den Marktplatz ein. Es hatte Heckflossen wie ein Fisch und riesige Scheinwerferaugen. Seine Scheiben waren so dunkel, dass niemand hineinsehen konnte.

»Bestimmt sitzt GOTT in dem Auto«, riefen die Leute und freuten sich über ihr Gelächter. »Gleich werden wir wissen, wie er aussieht.« Aber nichts geschah. Das Auto blieb einfach vor der Kirche stehen und rührte sich nicht mehr.

»Was soll ich tun?«, fragte der Bürgermeister, der keine Lust hatte, noch länger zu warten. Als niemand antwortete, klopfte er an die Scheiben des Autos.

Die Zuschauer fühlten sich wie in einem geheimnisvollen Film. Langsam öffnete sich jetzt die Fahrertür. Ein alter Mann stieg aus. »Gestatten«, sagte er. »Ich bin GOTT. Haben Sie vielleicht auf mich gewartet?«

Das Gesicht von GOTT war so weiß wie der Schnee mit roten Tupfen. Außerdem trug er eine geflickte Jacke und weite Hosen. Neugierig schauten ihn die Leute an. Warum hatte er sich wie ein Clown verkleidet?

Der alte Mann zeigte auf sein Auto. »Kommen Sie doch mit. Ich möchte Sie in meinen Zirkus einladen«, rief er und setzte hinzu: »Zirkus GOTT!«

»Für einen Zirkus bin ich nicht der Richtige«, entschuldigte sich der Bürgermeister. »Wie wäre es, wenn Sie stattdessen Kinder einladen würden?«

»Sind wir nicht alle Kinder?«, fragte der Clown zurück, der GOTT hieß.

Er war freundlich und er sah sie an. Sein Lächeln kam wie aus weiter Ferne. Trotzdem spürten sie es. Irgendetwas geschah mit ihnen. Der trübe Wintertag wurde auf einmal hell. Dieses Lächeln, dachten sie, dieses Lächeln...

»Kommen Sie mit«, bat der Clown noch einmal. Immer mehr Zuschauer hatten sich versammelt. Ein wenig unsicher folgten sie ihm, auch der Bürgermeister schloss sich an, selbst der vornehm gekleidete Herr mit der Aktentasche. Einer nach dem anderen stieg in das Fischauto. Als sie merkten, dass es unerschöpflich Platz hatte, wunderten sie sich.

Leise schnurrend brachte sie das Auto hinaus vor die Stadt. Dort, am Fluss, erhob sich ein Zelt. Seine Masten berührten den Himmel.

GOTT führte die Menschen, die er eingeladen hatte, an der Kasse vorbei. (Nein, sie mussten nichts bezahlen.) Wie im Traum gingen sie hinter dem Clown her und stockten erst, als sie das Zelt betraten, denn es stand voller Spiegel.

Erschrocken sahen sie sich in diesen Spiegeln, sahen ihr ganzes Leben, das wie im Flug verging. Gerade noch waren sie

Kinder gewesen und schon wurden ihre Haare grau. Gerade noch hatten sie einen Baum im Garten gepflanzt und schon berührten seine Zweige das Dach des Hauses.

Da liefen ihnen Tränen über das Gesicht.

Wie gern hätten sie alle schönen, glücklichen Augenblicke festgehalten! Doch die Bilder in den Spiegeln änderten sich ständig. Sie wechselten unaufhörlich.

Schließlich, als die Menschen nur noch schlafen wollten, weil sie schon so viel erlebt hatten, machte der Clown eine Handbewegung. Da erloschen die Spiegel und waren nur noch dunkel und leer.

Eine große Stille senkte sich über das Zelt. Kein Geräusch drang von draußen herein, nicht der leiseste Ton. Die Stille – sie füllte alles aus, jeden Winkel des Zeltes bis unter das Zeltdach.

Plötzlich geschah etwas Merkwürdiges mit den Menschen: Sie begannen zu tanzen. Dabei erhoben sie sich in die Luft. Wie Federn, die ein sanfter Wind bewegt, schwebten sie unter dem Zeltdach, während ihnen der Clown sein weißes Gesicht zuwandte.

Die Gäste von GOTT fühlten sich jetzt ganz leicht und freuten sich. Ihre Hände lachten, ihre Füße lachten, alles an ihnen lachte. Dazu erklang eine Musik wie im Märchen, aber niemand spielte sie.

Das Zirkuszelt am Fluss. Die Spiegel und die Stille.

Zuletzt die Leichtigkeit.

So war das, genauso, als GOTT die Menschen einlud.

Erich Jooß

Ameise Berta findet Gott

Kurze Inhaltsangabe:

Neugierig, fleißig und fröhlich lebt Ameise Berta im Kiefernwald auf einem Ameisenhaufen, der ungefähr genauso groß ist wie ein vierjähriges Kind. Ameise Berta denkt viel über das Leben und auch über Gott nach. Als nun Kinder an ihrem Ameisenhaufen stehen und jemand sagt, dass Gott die fleißigen Ameisen sehr, sehr schätzt, wird Berta immer neugieriger auf Gott. Eine alte weise Ameise erzählt ihr, dass Gott allmächtig ist und die ganze Welt erschaffen hat, den Himmel, die Erde, das Wasser ... »Gott ist sehr, sehr fleißig, noch fleißiger als wir«. Auf ihre Frage: »Wo wohnt Gott?« erhält Berta die überwältigende Antwort: »Überall und auch hier.« Damit ist für Berta klar, Gott ist eine Ameise und wohnt in ihrem Ameisenhaufen.

Auch diese Themen sind enthalten:

Neugier – Naturverbundenheit – Lebensfreude – Glaube, ...

Es war einmal eine kleine Ameise namens Berta. Die lebte mit hunderten von Ameisen in einem großen Ameisenhaufen in einem Kiefernwald. Weißt du, was ein Ameisenhaufen ist? Das ist ein kleiner Berg, etwa so hoch, wie du bist, wenn du etwa vier Jahre alt bist. Im Ameisenhaufen kribbelt und krabbelt es voller Ameisen. Meistens schleppen sie Kiefernnadeln heran und türmen sie auf. Ist ja klar, wenn man in einem Kiefernwald zu Hause ist.

Berta war eine tüchtige und kluge kleine Ameise. Während sie sich mit den Kiefernnadeln abschleppte, dachte sie viel über die Welt und das Leben als Ameise nach, neuerdings auch über Gott.

Neulich hatte sie zum ersten Mal von Gott gehört. Das war ganz aufregend. Sie schleppte gerade zusammen mit der Ameise Trude eine ganz besonders große Kiefernnadel steil den Ameisenhaufen hinauf, als sich plötzlich ein dunkler Schatten über sie legte, gerade so, als ob eine dunkle Regenwolke sich vor die Sonne schiebt. Sie hörten Kinderstimmen und eine Erwachsenenstimme, die den Ameisenhaufen umkreisten. Berta und Trude hielten inne und lauschten.

» Seht nur, Kinder, seht, wie emsig die Ameisen sind! Sie haben diesen großen Berg von Kiefernnadeln zusammengetragen und ganz allein geschaffen. Sie schleppen sich unermüdlich ab. Sie sind die fleißigsten Tiere und von Gott sehr geschätzt! Gebt Acht und haltet Abstand und stört sie nicht bei der Arbeit. « Die Kinder redeten alle munter durcheinander, hatten noch viele Fragen, bevor sie singend weiterzogen. Berta war neugierig geworden und wollte unbedingt wissen, wer denn dieser Gott ist, der Ameisen schätzt. Trude wusste es natürlich auch nicht. Jede Ameise, die ihnen begegnete, wurde nach Gott befragt. Die meisten wussten gar nichts mit Gott anzufangen. Einige meinten, es wäre der Waldarbeiter, der ab und zu kommt und mit einer langen Stange die Höhe des Ameisenhaufens abmisst.

Endlich traf Berta eine alte, erfahrene Ameise, die sich auch so ihre Gedanken über Gott gemacht hatte. Diese kannte einen Pfarrer, der viel von Gott erzählte, wenn er durch den Wald ging. Von ihr erfuhr Berta, dass Gott allmächtig ist. Das muss ja was ganz, ganz Riesiges sein, viel, viel größer als unser Ameisenhaufen und viel, viel höher als die hohen Kiefern.

Die alte Ameise erzählte: »Gott hat die ganze Welt geschaffen, er hat die Menschen und die Tiere gemacht, die Natur, den Himmel, die Erde, das Wasser, die Luft, einfach alles! Gott ist sehr, sehr fleißig!«

»So wie wir?«, fragte Berta erstaunt.

»Ja, so wie wir und noch viel, viel fleißiger!«, antwortete die alte Ameise.

»Und wo wohnt Gott?«, wollte Berta wissen.

»Überall und hier auch!«, erklärte die Ameise.

»Das ist ja wunderbar, dann ist Gott ja eine Ameise!«, sprudelte es aus Berta heraus.

»Ja, Gott ist eine Ameise!«, stellte die alte Ameise fest.

Berta war ganz vergnügt und sie war sich ganz sicher: Gott wohnt in ihrem Ameisenhaufen, er ist ja allmächtig und ganz, ganz fleißig. »Gut zu wissen, dass es Gott so nah bei mir gibt!«, freute sich Berta.

Ab jetzt war sie noch fleißiger. Fröhlich schleppte sie täglich mit Trude viele Kiefernnadeln auf ihren »göttlichen« Ameisenhaufen und begann, noch mehr über Gott und die Welt nachzudenken und erzählte alles Trude und den Ameisen, die es hören wollten.

Angelika Lange-Kaluza

Mit Kindern über Gott sprechen

Als Eltern, Großeltern, Patinnen/Paten oder Erzieherinnen/Erzieher machen wir uns viele Gedanken darüber, was unsere Kinder brauchen, um ihr Leben gut und glücklich zu bestehen. Eine immer unüberschaubarer werdende Welt stellt hohe Anforderungen an den einzelnen Menschen. Was kann unseren Kindern da Sicherheit geben und eine Hoffnung, die in Gelingen und Versagen die Freude am Leben erhält?

In früheren Generationen war der Glaube an Gott ein tragendes Fundament. Heute ist er vielen Menschen fremd geworden. Dennoch bleiben die großen Fragen nach dem »Woher« und »Wohin« des Lebens in jedem Menschen angelegt und verlangen nach Antworten.

Mit Kindern über Gott zu sprechen heißt, gemeinsam nach diesen Antworten zu suchen. Denn die Kinder selbst eröffnen mit ihren Fragen nach Gott oft das Gespräch.

Hinweise auf Gott im Alltag der Kinder

Kinder kommen an einem großen Gebäude mit Turm vorbei und hören, dies sei das »Haus Gottes«. Vielleicht werden in der Familie oder im Kindergarten die christlichen Feste mit einem »Gottesdienstbesuch« verbunden. Manche Kinder gehen auch in den »Kindergottesdienst«. Dort wird Gott angesprochen als »lieber Gott« oder als »guter Gott«. Sie hören Erwachsene »um Gottes Willen« oder auch »oh Gott oh Gott« sagen und fragen sich, wer das denn wohl sei, von dem die Großen da sprechen. So entstehen, selbst bei Kindern, die in wenig oder gar nicht religiös geprägten

Familien aufwachsen, Fragen nach Gott und auch erste
eigene Vorstellungen davon, wer und wie Gott sein könnte.

Kinder und Erwachsene suchen gemeinsam nach Gott
Wie Kinder sich in anderen Lebensbereichen die Welt durch
Fragen und eigenständiges Nachdenken erobern, so gilt dies
auch für die Entwicklung ihrer Vorstellungen von Gott. Sie
versuchen mit ihren sehr konkreten Fragen nach Gottes Aussehen, seinem »Wohnort« und seiner »Arbeit« zu erfor-
schen, wie Gott in die Welt, die sie kennen, hineinpasst, was
seine Aufgabe ist und was dieser Gott mit ihrem Leben zu tun
hat. Um Antworten zu finden, brauchen sie Gesprächspart-
nerinnen und -partner, die bereit sind, sich auf ihre Fragen
einzulassen, ihnen Anregungen geben und sie auf ihrer Suche
nach Gott begleiten.
Doch auch wir als Erwachsene sind unsicher und teilen mit
den Kindern häufig ähnliche Schwierigkeiten: Wir können
Gott nicht sehen, ihn nicht berühren; wir können ihn uns und
anderen nicht »beweisen«. Oft sind wir – wie die Kinder –
voller Neugier und Sehnsucht, von Gott zu erfahren, ihn in
unsrem Leben zu spüren, nicht zuletzt in der Hoffnung,
dadurch dem Sinn unseres Lebens näher zu kommen. Und
wenn wir die Erfahrung gemacht haben, dass der Glaube an
Gott im Leben ein festes Fundament und eine Kraftquelle
auch in schweren Zeiten sein kann, dann ist es unser innigster
Wunsch, etwas davon den uns anvertrauten Kindern weiterzu-
geben.
In dieser Kinder und Erwachsene verbindenden Ausgangssi-
tuation liegt die große Chance, sich gemeinsam auf Spurensu-
che zu begeben und zusammen nach Gottes Platz in unserem
Leben Ausschau zu halten.

Kinder erwarten von uns auf ihre Fragen – auch auf die nach Gott – keine »fertigen«, allgemeingültigen oder alles umfassenden Antworten. Vielmehr ist es so, dass sie sich, wenn sie eine Frage stellen, häufig schon mit dem zugrunde liegenden Thema beschäftigt haben und zu eigenen ersten Lösungsansätzen gekommen sind.

Was Kinder auf der Suche nach Gott jedoch wirklich brauchen, sind Menschen, die ihre Fragen mit ihnen teilen und ihnen helfen, sie weiterzuentwickeln. Sie brauchen Zuhörer, die ihre Vorstellungen und Fragen als vollkommen gleichwertig akzeptieren und diesen eigene Ideen und Lösungsmöglichkeiten an die Seite stellen.

Kindliche Gottesvorstellungen

Für Kinder steht die zentrale Frage, wie Gott aussieht, im Vordergrund. Denn das Besondere an Gott ist ja, dass er nicht zu sehen ist und dennoch von ihm wie von einer lebenden Person ernsthaft gesprochen wird. Alle weiteren Fragen, z. B. wo er wohnt und was er tut, sind eng mit diesem Problem verbunden.

Kinder sind von ihrer Entwicklungsstufe her noch nicht in der Lage, abstrakt von Gott zu denken. Sie können ohne die Vorstellung einer Gestalt keine Beziehung zu jemandem herstellen. Deshalb steht am Anfang der kindlichen Gottesvorstellungen ein Gott mit menschenähnlichen Zügen. Dieses ist die Grundlage dafür, auch später in Gott ein persönliches Gegenüber zu sehen.

Kinder versuchen Gott zu begreifen, indem sie ihn mit Menschen, die sie kennen, vergleichen. Besonders die Erfahrungen, die Kinder mit ihren Eltern oder anderen Bezugspersonen vom Beginn ihres Lebens an machen, färben das

Gottesbild. Das, was sie sonst noch von Gott gehört haben, wird eng mit diesen Erfahrungen verbunden: Er sieht aus wie ein Mensch, ganz gleich, ob männlich oder weiblich. Manchmal ist er übermäßig groß, schließlich kann er ja überall gleichzeitig sein. Oft hat er auch viele Hände, denn er muss weit mehr Aufgaben erfüllen, als ein Mensch es jemals könnte. Manchmal trägt er ein besonderes Gewand als Zeichen dafür, dass er etwas ganz Außergewöhnliches ist. Weil er so »groß« ist und so wundervolle Fähigkeiten hat, ist ein für Kinder angemessener Wohnort Gottes der Sternenhimmel. All diese Gottesvorstellungen haben ihre Berechtigung und sind wichtige Schritte auf dem Weg der religiösen Entwicklung. Wir sollten sie gelten lassen und den Kindern unsere, an der biblischen Überlieferung orientierten, auch symbolischen Vorstellungen von Gott ergänzend zur Verfügung stellen. So können mit den Kindern selbst auch ihre Vorstellungen von Gott wachsen und sich weiterentwickeln.

Von Gott erzählen
Das vorliegende Buch mit Geschichten von Gott möchte Kinder und Erwachsene auf ihrer gemeinsamen Suche nach Gott begleiten. Es ermutigt dazu, durch Vorlesen oder gemeinsames Lesen, Gott ins Spiel zu bringen und Denkanstöße für Gespräche über Gott zu geben.
Grundlage aller Geschichten ist – oft unausgesprochen – dass von dem Gott die Rede ist, der in Jesus Christus Mensch wurde: Gott ist jemand, der für die Menschen da ist und sie begleitet, selbst über die Grenze dieses Lebens hinweg. Gott liebt alle Menschen, ihm sind bedingungslos alle gleichermaßen wertvoll und wichtig.
Auf die von Kindern und Erwachsenen gestellten Fragen gibt

es in diesem Buch keine dogmatisch »richtigen« Antworten. Vielmehr wird – und das hat sich als sinnvoller Schritt einer religiösen Erziehung bewährt – mit den unterschiedlichen Geschichten versucht, behutsam von Gott zu erzählen.

Die Geschichten vermitteln ein sehr vielschichtiges und buntes Bild Gottes. Wir Erwachsenen sollten Gott nicht auf eine einzige, »richtige« Vorstellung festlegen, denn wir wissen, dass all unsere Bilder und Fantasien von Gott ihn doch nie ganz erfassen können.

Die Geschichten dieses Buches bewegen sich in ihrer Art des Umgangs mit den Fragen nach Gott in der Tradition der biblischen Geschichten. Denn auch die Bibel »erklärt« Gott nicht, sondern sie erzählt von den vielen Erfahrungen, die Menschen mit Gott gemacht haben und wie die Menschen in ihren Alltagssorgen und -freuden Gott erlebt haben. Manche sehen ihn wie eine Mutter, die ihr Kind tröstet oder wie einen Hirten, der für seine Schafe sorgt. Wieder andere empfinden ihn wie die Sonne, die wärmt, wie Wasser, das erfrischt oder eine Burg, die schützt. Einigen Menschen begegnet er allerdings auch wie ein heftiger Wind oder eine dunkle Wolke, geheimnisvoll und unbegreiflich.

Kinder und Erwachsene werden sich in den Erzählungen, die emotional berühren, wiederentdecken. Manches Bild wird sie begleiten und etwas von Gottes Liebe für die Menschen aufleuchten lassen. Das Buch ist eine Anregung zum Mitfühlen und Nachdenken über Gott. Die Suche nach ihm dauert nicht selten ein Leben lang. Und ein erster, gemeinsamer Schritt mit Kindern auf diesem Weg können die Geschichten dieses Buches sein.

Marion Römer

Die Herausgeberin, die Autorinnen und Autoren

Klaudia Busch-Wehrmeyer, geboren 1957, Studium der Evangelischen Theologie, Pastorin im Sonderdienst in der ev. Kirchengemeinde Emmerich und in der Klinikseelsorge Bernkastel-Kues, zuletzt Pfarrerin in der Gemeinde Trier-Ehrang.

Doris Engels, geboren 1959, langjährige Tätigkeit als Erzieherin und Leiterin eines ev. Kindergartens in Hannover, zur Zeit Hausfrau und Studentin an der FHS Braunschweig im Studiengang Sozialarbeit/ Sozialpädagogik, verheiratet, ein Kind.

Ulrike Fey-Dorn, geboren 1951, Ausbildung an der Fachschule für Sozialpädagogik in Mainz, Tätigkeit als Erzieherin, Studium der Pädagogik mit Schwerpunkt Erwachsenenbildung und evangelische Religion an der Universität Oldenburg, Referentin für Religionspädagogik für 560 ev. Tageseinrichtungen und 180 Spielkreise der Ev.-Luth. Landeskirche Hannover, Mitglied der Arbeitsgruppe Kinderkatechismus (Gütersloh 2000) und Vorlesebuch (Gütersloh 2002) der Vereinigten Evangelisch-Lutherischen Kirche Deutschlands (VELKD), verheiratet, zwei Kinder, lebt in Hannover.

Hermann-Josef Frisch, geboren 1947, Pastor in der Diözese Köln und Autor zahlreicher religionspädagogischer, theologischer und religionswissenschaftlicher Bücher, lebt bei Köln.

Maleen Hartung, geboren 1939, langjährige Tätigkeit in kirchlicher Pressearbeit, Religionspädagogin an Grund- und Hauptschulen, zwei Kinder, lebt in Leinburg.

Erich Jooß, geboren 1946, Studium der Germanistik, Geschichte und politische Wissenschaften, Abschluss mit Promotion, Direktor des Sankt Michaelsbundes, Herausgeber erfolgreicher Geschichtensammlungen, Verfasser von Bilderbuchtexten und Kinderbüchern, lebt in Miesbach, Obb.

Ilse Jüntschke, geboren 1932, langjährige Tätigkeit als Kindergartenleiterin, religionspädagogische Zusatzausbildung, Referentin und Fachberaterin im Diakonischen Werk der Ev.-Luth. Landeskirche Braunschweig, zahlreiche Publikationen, lebt mit ihrer Familie in Salzgitter.

Johanna Kiesel, geboren 1960, Studium der Wirtschaftskommunikation und Publizistik in Berlin, Tätigkeit in verschiedenen PR-Abteilungen in Lübeck und Hannover, später freiberufliche Redakteurin, engagiert sich in diversen Elterngremien für Kindergärten und Schulen, verheiratet, drei Kinder.

Angelika Lange-Kaluza, geboren 1947, Ausbildung als Erzieherin, Studium an der Evangelischen FHS für Sozialpädagogik in Hannover, seit 1979 Fachberaterin für ev.-luth. Kindertagesstätten in Hannover, Ausbildung in TZI und päd. Rollenspiel, Dipl. Supervisorin, verheiratet, lebt in Wennigsen am Deister.

Eckhard Langner, geboren 1959, Studium der Evangelischen Theologie in Köln, Bonn und Wuppertal, Vikar und Assistent an der Kirchlichen Hochschule Wuppertal, Gemeindepfarramt und Schulreferent in Wuppertal-Barmen, seit 1986 Pfarrer der Evangelischen Kirche im Rheinland, Dezernent für ev. Religionsunterricht im Landeskirchenamt in Düsseldorf, verheiratet, drei Kinder, lebt in Wuppertal.

Peter Morgenroth, geboren 1944, Theologe und Journalist, als Gemeindepfarrer und Religionslehrer 30 Jahre im Umfeld Münchens tätig, Mitarbeit im Kinderfunk des Bayrischen Rundfunks und bei »Antenne Bayern«, leitet derzeit die traditionsreiche evangelische Gemeinde in Kaufbeuren.

Christel Müllenbach, geboren 1954, Erzieherin, Heilpädagogin, Theaterpädagogin und Malleiterin (»Begleitetes Malen« nach B. Egger), Leiterin einer Lehrkindertageseinrichtung, verschiedene Publikationen von Geschichten und Theaterstücken für Kinder, Akteurin und Regisseurin mit unterschiedlichen Theatergruppen.

Annegret Pietron-Menges, geboren 1955, Religions- und Französischlehrerin, Schriftstellerin, tätig in der Sakramentenkatechese sowie in der Planung und Durchführung von Bibeltageprojekten für Kinder, verheiratet, drei Kinder, lebt in Münster.

Marion Römer, geboren 1958, Studium der evangelischen Theologie in Berlin, Erlangen, Tübingen und Göttingen, Zusatzausbildung als Krankenhausseelsorgerin, theologische Assistentin im Kirchenamt der VELKD und Pastorin in Hannover, seit 1990 Pastorin im Stephansstift und Dozentin für Religion und Religionspädagogik in der Ausbildung von Erzieherinnen und Erziehern am Diakonie-Kolleg-Hannover, verheiratet, drei Kinder.

Regine Schindler, freie Schriftstellerin, Studium der Germanistik, Verfasserin zahlreicher Geschichten und religiöser Kinderbücher, Publikationen zu Fragen der christlichen Kindererziehung; viele literarische Auszeichnungen, fünf Kinder, wohnt am Zürichsee.

Holger Schnoor, geboren 1974, derzeit Studium der Philosophie, Psychologie und Physik in Kiel, Aufenthalte in Paris und London, Tätigkeit als Seminarleiter an der VHS.